Cycles 2 et 3

Des jeux pour aider les élèves en français et en maths • Tome 1

Stéphane **Grulet**

RETZ

www.editions-retz.com

9 bis, rue Abel Hovelacque

75013 Paris

Remerciements
Merci à Boualem Aznag pour ses ronflements d'ours
et à Jacky Génon pour ses notes de musique.
Merci à mes collègues du pôle scolaire de Tournes
pour leurs encouragements.
Merci à mes élèves pour leur enthousiasme.
Ce livre est dédié à la mémoire de mon grand-père, Jean Grulet,
instituteur puis directeur de collège.

ISBN : 978-2-7256-3329-9

Mise en page : Laser Graphie
Direction éditoriale : Sylvie Cuchin
Édition : Adeline Guérin-Grimouille
Correction : Florence Richard
Illustration : Vivilablonde, Line Tship
N° de projet : 10210561
Dépôt légal : septembre 2015 - N° d'impression : 06801150965
Achevé d'imprimer en France, en septembre 2015, sur les presses de SEPEC.

MIXTE
Papier issu de sources responsables
FSC® C022030

Sommaire

Vocabulaire

Lecture

Maths

Numération

Calcul

Introduction

Démarche générale

L'objectif de cet ouvrage est de fournir aux enseignants des cycles 2 et 3 des **séquences pédagogiques ludiques pour consolider les apprentissages en français** (grammaire, orthographe, vocabulaire, conjugaison, lecture et production d'écrits) **et mathématiques** (numération, calcul, mesure, géométrie et exploitation des données). Il propose également des variantes et des pistes d'exploitation pour des prolongements écrits. Le tableau de la page 14 récapitule les niveaux correspondant aux trente-six séquences.

L'ensemble des activités proposées dans ce guide pratique s'inscrit dans la ligne directe du Socle Commun de connaissances, de compétences et de culture.

Ces activités peuvent être pratiquées en situation de découverte ou d'entraînement. Elles sont également conçues pour être animées dans le cadre d'**activités pédagogiques complémentaires (APC)** ou lors de stages de **soutien**. Elles trouveront aussi leur place dans les séances menées dans le cadre du dispositif ***Plus de maîtres que de classes*** et dans **l'enseignement spécialisé**.

Ayant toutes une dimension ludique, ces séquences ne sauraient constituer l'unique moyen d'apprentissage et d'enseignement de la classe. Cependant, le jeu étant une source de motivation réelle chez les enfants, les activités proposées permettent une autre approche du domaine à aborder. Elles sont un moyen différent et complémentaire de travailler une compétence.

Différent parce que le jeu est un moment de réel plaisir pour l'élève. Il offre l'opportunité de conjuguer apprentissage et amusement. Il permet à chacun de mobiliser ses connaissances et de les partager avec d'autres. La plupart des séquences proposées dans cet ouvrage induisent des jeux par équipes, moments d'échanges de savoirs et de compétences. Jouer en classe permet en effet de viser différemment des objectifs tels que l'écoute de la consigne, la concentration, le respect des autres, et l'acceptation de la difficulté.

Complémentaire parce que le jeu en classe provoque d'autant plus d'enthousiasme s'il est mené en parallèle de séquences d'apprentissages plus normées. Il permet de développer des compétences et de partager des savoirs dans un cadre divertissant, mais il devra être suivi d'un moment de synthèse écrite des connaissances dans un cadre plus formel.

Chaque séquence vise deux objectifs: être **rigoureux** dans le domaine des savoirs et **créatif** dans le déroulement des jeux. Elle indique la préparation nécessaire, la mise en route de l'activité, l'énonciation des règles, le déroulement du jeu, les relances éventuelles, et donne des pistes de prolongements écrits.

Le CD-Rom fournit des documents ressources: affichage, matériel à construire, documentation pour l'élève (au format PDF) et des fichiers sons (au format MP3).

Pistes pédagogiques et conseils

Le contenu de chaque séquence

Pour chaque séquence, la compétence mise en œuvre, le niveau de classe, la durée du jeu, des conseils d'organisation et le matériel nécessaire sont indiqués; le déroulement du jeu, des prolongements écrits et des variantes sont également donnés.

• Les compétences

Chaque séquence est construite à partir d'une compétence du programme de français ou de mathématiques.

• Le niveau

Le niveau de classe dans lequel la séquence peut être animée est toujours indiqué. Certaines sont cependant conçues pour trouver leur place dans les deux cycles, les adaptations nécessaires en fonction du niveau de la classe sont alors données dans le déroulement.

• La durée

Elle est variable en fonction de chaque jeu. Trois types de jeux sont proposés dans cet ouvrage. Ils sont à la fois adaptés à une mise en œuvre en classe et aux séquences d'aide personnalisée à l'élève (A.P.C.).

	Jeux à épisodes	Jeux rituels	Jeux ponctuels
FRANÇAIS	– Le jeu du dictionnaire – Les enchères – Agathe, Gabin et le sac magique – La tour du monde – De la terre jusqu'au ciel	– Jeu de mots – Passe à ton voisin – Les enchères – Au suivant ! – Le grand marché – Quand l'ours dort	– Le mot interdit – L'accord parfait – Le béret des mots – Phrases & Cie – La boîte à mimes – Bingo ! – Le voyage dans le temps – Le mur – Les deux font la paire – Tout et son contraire – Au suivant ! – Qui est-ce ?
MATHS	– Le trésor est dans la trousse – Le cadeau surprise – La boîte infernale – Qui perd… gagne ?	– La bonne suite – La pièce secrète – Jouer, compter, gagner – Le bluffeur	– Les trios – La bataille des nombres – Multiplication et compagnie – L'ascenseur – La devinette mathématique – Le train de 9 h… – Le train de 14 h 12… – Combien ça mesure ?

Les jeux à épisodes. Ces séquences de 15 à 30 minutes constituent un fil rouge pour la classe. Chaque séquence est divisée en plusieurs « épisodes », qui permettent de travailler une compétence en y consacrant un temps relativement important, et avec une difficulté croissante.

Les jeux rituels. D'une durée variable, entre 15 minutes et une heure, ces séquences sont destinées à être mises en place régulièrement pendant l'année. Elles sont très efficaces pour manipuler des mots-outils, revoir des tables de calcul, s'entraîner à calculer rapidement et même s'exercer à comprendre des textes.

Les jeux ponctuels. D'une durée plus conséquente, ces jeux sont destinés à être mis en place une ou deux fois. Au besoin, ils pourront être divisés en deux ou trois parties, comme le suggère le déroulement.

• L'organisation

Une bonne organisation et une bonne situation de départ permettront aux élèves d'entrer plus facilement dans le jeu. Le fonctionnement de chaque équipe est également primordial.

Jouer en équipe. La plupart des séquences proposent une répartition des élèves par équipes. Il est conseillé d'organiser la classe en quatre ou cinq groupes et de les conserver pour un ou deux trimestres. Ceci permet aux équipes de mieux fonctionner et de laisser du temps aux enfants plus timorés pour se faire une place. Les élèves auront ainsi le temps nécessaire pour trouver un rythme de travail et pour cerner les compétences de chacun.

Cependant, il est important de veiller à ce qu'il n'y ait pas de compétition malsaine entre les équipes : l'état d'esprit des jeux doit être expliqué et débattu avec les enfants. Chaque situation ludique implique forcément un gagnant, mais l'intérêt doit rester l'aventure collective que constitue un jeu en classe, le plaisir partagé ensemble et la découverte des connaissances. Plusieurs séquences proposent d'ailleurs une version coopérative du jeu, afin de développer la cohésion au sein de la classe.

En animant ces jeux, il convient de toujours garder en mémoire les compétences sociales qu'ils permettent de travailler : l'écoute, la solidarité, la modestie, la gratuité.

Pour organiser les équipes, plusieurs pistes sont possibles :

- Demander aux enfants de s'asseoir sur n'importe quelle chaise de la classe. Puis leur demander de décoller une étiquette adhésive située sous le siège, et qui leur indiquera le nom de leur groupe.
- Réunir les enfants en cercle et faire circuler des dossards de couleurs différentes. Jouer d'un instrument. Quand celui-ci s'arrête, les enfants porteurs des dossards rejoignent leur couleur respective.
- Attribuer un nom d'animal, de fleur, de ville et de personnage à chaque élève, puis demander aux quatre familles de se constituer.
- Attribuer un mot à chaque enfant. Constituer les équipes à partir du nombre de syllabes : le groupe des mots ayant deux syllabes, trois syllabes, etc.
- Piocher des prénoms dans un chapeau.
- Donner une opération à chaque enfant. Le résultat induira l'équipe (nombres pairs ou impairs, chiffres des dizaines, etc.)
- Organiser les équipes de manière plus directive, en fonction du vécu de la classe.

Il vaut mieux éviter de demander aux élèves de composer les groupes eux-mêmes. Cette méthode est souvent source d'injustice et de conflits.

Jouer, ça s'apprend. Prenez le temps en début d'année scolaire de « *s'entraîner à jouer* ». Organisez un jeu très simple où l'objectif est d'observer le comportement des élèves, dans les aspects positifs et négatifs. Procéder ensuite à un bilan avec eux, et insister sur l'intérêt de jouer en classe : « *Pourquoi joue-t-on ? À quoi cela sert-il ? Est-ce du travail ? Qu'attend-on les uns des autres pendant un jeu ?* »

Faites un travail autour du vivre ensemble en listant les conduites à tenir au sein d'une équipe. Affichez-les en classe :

Jouer, c'est apprendre ensemble

J'écoute les consignes.

Je participe activement.

Je donne mon avis.

J'écoute celui des autres.

J'effectue le travail écrit à la suite du jeu.

Jouer, c'est être positif

Je respecte l'arbitrage.

Je peux contester une décision mais de manière courtoise.

Je salue une victoire ou un moment fort du jeu.

Je reste modeste.

Choisissez avec les enfants les quatre places où s'installeront les équipes et organisez le déplacement de chaque élève pour rejoindre son groupe.

Faites un point régulier sur les points forts et les points faibles de chaque équipe : « *Qu'est-ce qui fonctionne bien parmi vous ? Quelles difficultés rencontrez-vous ?* »

Chaque équipe peut avoir un capitaine, différent à chaque jeu. Lister avec la classe les différents rôles du capitaine. Affichez-les en classe :

Le capitaine

Il / elle écoute les avis de tout le monde et peut organiser un vote.

Il / elle écrit la réponse et lève l'ardoise.

Il / elle règle un éventuel conflit.

Il / elle demande l'intervention de l'enseignant.

Les affiches seront relues collectivement lors des moments de bilan avec les enfants.

Une équipe peut aussi comporter un « régisseur » qui s'occupe de rassembler le matériel demandé, un « secrétaire » qui écrit les résultats sur l'ardoise et un « comptable » qui s'occupe des points remportés.

En A.P.C., groupe ou stage de soutien, les jeux sont conçus de telle manière que les équipes peuvent être remplacées par un joueur seul (sauf indication contraire).

Dans certaines séquences, les enfants jouent individuellement, dans le but de créer une petite émulation, parfois nécessaire à l'apprentissage des tables ou de listes de mots.

• Le matériel individuel et collectif

Pour chaque séquence, le matériel nécessaire, individuel ou collectif, est listé. Les éléments sont soit fournis dans le CD-Rom, soit faciles à trouver dans une classe. Imprimés sur du papier épais puis plastifiés, les documents utiles au déroulement des séquences pourront être employés à de nombreuses reprises.

Le CD-Rom contient :

- Un fichier avec l'affiche de chaque équipe ; les jeux proposant les mêmes noms d'équipes.

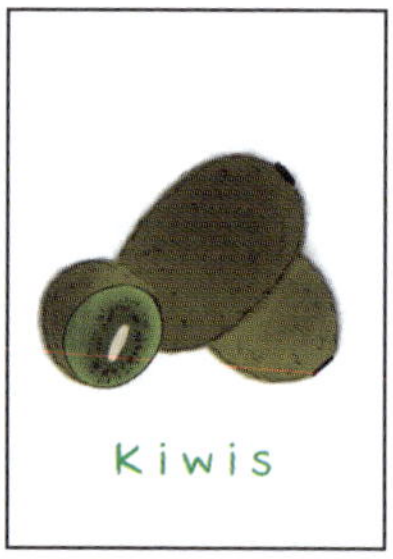

- Une grille de scores utile également pour plusieurs jeux.
- Du matériel organisé selon la numérotation des jeux.
- Des pistes audio pour les jeux 18 et 24.

• Le déroulement

Le déroulement de chaque séquence est expliqué précisément. Certaines nécessitent d'être organisées en deux, trois ou quatre séances.

Sont également données des pistes de travail et de remédiation pour les élèves en difficulté.

Enfin sont précisées les traces écrites à noter sur une affiche ou au tableau tout au long du jeu. Les mots, les phrases, les textes produits sont très utiles dans le prolongement écrit et servent de références communes à la classe.

• Prolongement écrit

Les séquences de jeu prennent tout leur sens si elles sont suivies d'un retour à l'écrit plus traditionnel. Il donne de la valeur à ce qui vient d'être vécu et permet une synthèse partielle des connaissances. Des pistes de travail écrit sont proposées après chaque jeu. Il peut s'agir d'un travail individuel ou par deux : activités structurantes (opérations, liste de mots à recopier, exercices de closure), synthèses ou productions d'écrit parfois utiles dans d'autres jeux.

En français, les documents produits pendant les jeux (listes de mots, listes de phrases, classements thématisés, règles de grammaire ou d'orthographe, etc.) peuvent êtres réunis dans un **classeur d'écriture**.

En mathématiques, certains documents produits pendant les jeux peuvent constituer un « **mémento de l'élève** ».

Ceci permet de faire un lien entre les activités ludiques et les autres séquences menées dans la classe et d'utiliser un seul et même outil pour l'ensemble des apprentissages dans une matière.

• Conseils et variantes

De nombreux jeux étant proposés à la fois pour les cycles 2 et 3, une adaptation est nécessaire en termes de forme et de contenu. En fonction du niveau de la classe, des idées de variantes sont proposées.

Tableau récapitulatif des niveaux des séquences de jeux

			NIVEAUX				
			CP	CE1	CE2	CM1	CM2
FRANÇAIS	Orthographe	1. Jeu de mots	X	X	X	X	X
		2. Passe à ton voisin	X	X	X	X	X
	Grammaire	3. Le mot interdit			X	X	X
		4. L'accord parfait			X	X	X
		5. Le béret des mots		X	X	X	X
		6. Phrases & Cie				X	X
		7. La boîte à mimes		X	X		
	Conjugaison	8. Bingo !		X	X	X	X
		9. Le voyage dans le temps		X	X		
		10. Le mur		X	X	X	
	Vocabulaire	11. Le jeu du dictionnaire	X	X	X	X	X
		12. Les deux font la paire		X	X	X	X
		13. Tout et son contraire		X	X	X	X
		14. Les enchères				X	X
		15. Au suivant !			X	X	X
	Lecture	16. Agathe, Gabin et le sac magique	X				
		17. Le grand marché	X	X			
		18. Quand l'ours dort	X	X	X		
		19. La tour du monde		X	X	X	X
		20. Qui est-ce ?		X	X	X	X
		21. De la terre jusqu'au ciel		X	X	X	X
MATHS	Numération	22. Le trésor est dans la trousse		X	X		
		23. Les trios				X	X
	Calcul	24. Le cadeau surprise	X	X	X	X	X
		25. La bonne suite	X	X	X	X	X
		26. La pièce secrète	X	X	X	X	X
		27. La boîte infernale		X	X	X	X
		28. Jouer, compter, gagner		X	X	X	X
		29. La bataille des nombres	X	X			
		30. Multiplication & Cie		X	X	X	
		31. L'ascenseur				X	X
	Géométrie	32. La devinette géométrique	X	X	X	X	X
	Grandeurs et mesures	33. Le train de 9 h	X	X			
		33 bis. Le train de 14 h 12			X	X	
		34. Combien ça mesure ?		X	X		
	Exploitation de données	35. Qui perd… gagne !		X	X	X	X
		36. Le bluffeur			X	X	X

Français

Jeu de mots

Du CP au CM2

Compétence : Orthographier correctement un mot.

Organisation : Les élèves sont répartis en quatre équipes.

A.P.C. / soutien : Une équipe peut être remplacée par un joueur seul.

Matériel individuel : Le cahier d'essai.
Le classeur d'écriture.

Matériel collectif : Les affiches avec le nom des quatre équipes.
➤ Affichage pour les équipes
Deux séries de cartes avec le symbole des équipes.
➤ Affichage pour les équipes
Quatre étiquettes avec l'étoile bleue.
➤ Affichage pour les équipes
Une trentaine d'aimants.

Durée : 30 minutes.

Obtenir le plus de points.

Un mot bien orthographié… c'est un point de gagné !

Déroulement

• Répartir les élèves en quatre équipes : Fraises, Citrons, Oranges et Kiwis.

• Coller les affiches des quatre équipes au tableau. Expliquer que tout point gagné sera représenté par un aimant qui sera fixé sur le fruit.

• Tracer au tableau, en grand format, le quadrillage vierge ci-dessous : sur la première ligne les symboles des équipes (utiliser le fichier disponible dans le CD-Rom), sur les deux lignes suivantes, des cases vierges suffisamment grandes pour pouvoir écrire dans chacune une lettre.

- Demander à chaque équipe de faire venir un joueur au tableau.
- Prononcer un mot de quatre lettres à orthographier correctement.

> **Exemple :** *« Donc ».*
> *Le joueur de l'équipe Citrons écrit un D dans sa case, puis celui de l'équipe Fraises écrit un O, etc.*

- Procéder à une vérification collective. Si le mot est correctement orthographié, chaque groupe marque un point, et peut coller un aimant sur l'affiche de son fruit. Si le mot est mal orthographié, c'est l'équipe qui a commis l'erreur qui est pénalisée, mais pas les autres. Demander alors à un enfant de venir écrire dans la troisième ligne du tableau le mot correctement orthographié. Faire valider la réponse et répondre aux questions éventuelles.

> **Exemple :**
>
> |  |  |  |  |
> |---|---|---|---|
> | d | o | n | ~~k~~ |
> | d | o | n | c |
>
> *Les équipes Citrons, Fraises et Kiwis gagnent un aimant chacun. L'équipe Oranges ne marque pas de point.*

- Si un enfant ne sait pas quelle lettre écrire dans sa case, il peut bénéficier d'un joker. Il lui suffit de dire « Au secours ! » et de demander l'avis de son équipe. Utiliser un joker pénalise à chaque fois le groupe d'un aimant, qui sera enlevé de son « affiche fruit ».
- Une partie se joue en douze mots. Faire venir à chaque fois au tableau autant de joueurs que de lettres à écrire. Pour que le jeu soit équitable, le nombre de cases à remplir doit être le même pour chaque groupe. Si le mot proposé n'a

pas un nombre de lettres multiples du nombre d'équipes, l'enseignant complète lui-même le mot grâce aux cases « étoiles ».

Exemple :

<table>
<tr><td></td><td></td><td></td><td></td><td></td><td></td><td></td><td></td><td></td><td></td></tr>
<tr><td>é</td><td>v</td><td>i</td><td>d</td><td>e</td><td>m</td><td>m</td><td>e</td><td>n</td><td>t</td></tr>
<tr><td colspan="8">Lettres écrites par les enfants</td><td colspan="2">Lettres écrites par l'enseignant</td></tr>
</table>

• L'équipe qui a le plus de points au terme des douze mots a gagné.

• Les mots proposés dans le jeu peuvent provenir d'une liste de mots outils commune à la classe. C'est la longueur et la difficulté de ces mots qui permettront d'accentuer la difficulté en fonction du niveau de la classe.

Prolongement écrit

• Recopier les mots du jeu dans le classeur d'écriture en procédant à un classement préalable : liste de mots outils, liste d'adjectifs, liste de verbes, etc.

• Pour chacun des mots étudiés pendant le jeu, demander aux élèves de trouver sur leur cahier d'essai un ou plusieurs mots de la même famille.

Conseils

• Offrir un aimant à chaque équipe avant de commencer le jeu : ceci permet à chacune d'avoir un joker dès le début de la partie.

• Récrire au besoin une lettre mal tracée par un enfant au tableau.

Passe à ton voisin

Du CP au CM2

Compétence :	Orthographier correctement un mot.
Organisation :	Cinq élèves devant le tableau.
A.P.C. / soutien :	Le nombre d'élèves au tableau peut être réduit.
Matériel individuel :	Le cahier d'essai. Un dictionnaire.
Durée :	20 minutes.

Être le dernier joueur de la ligne.

Un mot bien orthographié… je peux rester, sinon je m'en vais !

Déroulement

- Inviter cinq enfants à venir se positionner en ligne devant le tableau.
- Écrire une lettre au tableau.

Exemple : *« M. ».*

- Le premier enfant de la ligne doit en ajouter une deuxième en vue de former un mot.

Exemple : *« O » ; ça fait « MO ».*

Il écrit sa lettre au tableau à côté de la première.

- Le deuxième joueur ajoute à son tour une lettre.

Exemple : *« U » ; ça fait « MOU ».*

- Le troisième enfant écrit aussi une lettre, et ainsi de suite jusqu'à ce que le mot soit terminé.
- L'enfant qui ne peut pas ajouter de lettre au mot formé est éliminé.

Exemple : *Les enfants ont formé le mot « MOUTON ». Si le troisième joueur ajoute un « S » au mot, le joueur suivant est coincé et se voit éliminé de la ligne.*

• Recommencer ensuite avec une nouvelle lettre, jusqu'à ce qu'il ne reste qu'un seul enfant dans la ligne, qui sera désigné vainqueur.

Exemple : *Une ligne de cinq joueurs : dans l'ordre Inès, Tom, Mehdi, Leïla et Théo.*
L'enseignant écrit la lettre F au tableau. Inès commence et ajoute un L. Tom écrit un E, Mehdi un U, et Leïla donne un R.
F – L – E – U – R.
Théo peut ajouter un S et terminer le mot. Mais il peut aussi écrire un I, pour former les mots FLEURIR, FLEURISTE, FLEURISTES, etc. S'il écrit un S, il élimine Inès. Il ne reste plus que quatre joueurs dans la ligne.

• À tout moment, un joueur peut décider d'arrêter le jeu pour demander à son voisin qui vient d'écrire une lettre à quel mot il pense.

Exemple : *Une ligne de cinq joueurs : dans l'ordre Inès, Tom, Mehdi, Leïla et Théo.*
L'enseignant écrit la lettre A au tableau. Inès ajoute un V. Tom écrit un I.
A – V – I
Mehdi interrompt le jeu et demande à Tom à quoi il pense. Celui-ci répond : « AVION ». Mehdi est alors éliminé. Si Tom n'avait pas donné de réponse, ou une réponse avec une faute d'orthographe, c'est lui qui aurait dû quitter la ligne.

• Un mot mal orthographié est donc éliminatoire.

Exemple : *Une ligne de cinq joueurs : dans l'ordre Inès, Tom, Mehdi, Leïla et Théo.*
L'enseignant écrit la lettre M au tableau. Inès ajoute un A. Tom un I, Mehdi un Z, Leïla un O, Théo un N.
M – A – I – Z – O - N
Inès pense terminer le mot en ajoutant un S, mais ce n'est pas possible parce qu'il y a une faute d'orthographe. C'est celui qui a commis l'erreur qui quitte le jeu, ici Mehdi.

Prolongement écrit

• Reprendre un des mots qui a été trouvé pendant le jeu, par exemple « MAISON ». Sur leur cahier d'essai, les enfants doivent écrire une liste de cinq mots commençant par M, puis par MA, et enfin par MAI. Les listes sont lues à l'ensemble de la classe, validées et corrigées au besoin.

• Pendant la phase de jeu, noter tous les mots qui ont été trouvés. Par exemple : MOUTONS, MAISONS, AVIONS, FLEURISTE et JUPES. Sur leur cahier d'essai, les enfants doivent écrire un texte court où figurent ces cinq mots. Les productions sont lues et corrigées individuellement.

Conseils

• Inviter deux enfants à devenir arbitres et à vérifier les mots à l'aide d'un dictionnaire.
• Proposer aux joueurs de se placer au fond de la classe, face au tableau, de telle sorte qu'ils ne tournent pas le dos à la classe et qu'ils puissent voir correctement le mot en cours. Ceci permet également aux élèves assis de bien entendre les propositions de lettres. Dans cette situation, inviter un élève à écrire les lettres une par une, en lettres capitales.
• Inviter les enfants de la classe à ne pas réagir pendant le jeu, notamment en cas d'irrégularité dans un mot.
• Les joueurs ne peuvent pas utiliser de noms propres.

Le mot interdit

Du CE2 au CM2

Compétence :	Connaître les classes de mots.
Organisation :	Les élèves sont répartis en quatre équipes.
A.P.C. / soutien :	Une équipe peut être remplacée par un joueur seul.
Matériel individuel :	Le classeur d'écriture. Le cahier d'essai.
Matériel collectif :	Un instrument de musique (tambourin, maracas ou autre). Un bac ou un grand panier avec des affiches classes de mots au format A4. Un chronomètre. Un tabouret haut. Du papier affiche ou des feuilles de format A3. La grille des scores. ➤ Affichage pour les équipes
Durée :	30 minutes.

Marquer le plus de points.

Répondre à des questions posées, sans prononcer les mots interdits, qui deviennent de plus en plus nombreux.

Préparation

• Afficher au tableau la grille de scores. Dans la colonne de gauche figure le symbole des équipes et dans celle de droite seront ajoutés les scores obtenus.

• Préparer des affiches au format A4 sur lesquelles sont notées des classes de mots.

Exemple :

Article

Nom commun

Pronom personnel

Verbe

Adjectif

Le nombre de classes de mots est variable selon le niveau des élèves et les compétences déjà abordées en grammaire.
Placer ces affiches dans un bac.

Déroulement

• Répartir les élèves en quatre équipes : Fraises, Citrons, Oranges et Kiwis.
• Demander à l'équipe Fraises de désigner un membre pour venir au tableau. Ce joueur tire au hasard une affiche classe de mots dans le bac.
• Mettre l'affiche au tableau et procéder à un rappel sur la classe de mots piochée.

Exemple : *pour l'affiche article, demander à l'ensemble des élèves de trouver oralement une liste non exhaustive de déterminants : un, le, une, des, la, etc.*

• Inviter le joueur de l'équipe Fraises à s'installer sur le tabouret.
• Énoncer la règle : les enfants des autres équipes doivent lui poser des questions diverses et variées. Le candidat doit répondre en ne prononçant aucun article. Il les remplace par un son avec l'instrument de musique.

Exemple : « *Quelle est ta matière préférée à l'école ?* »
« *Je préfère* *bip* *mathématiques.* »

S'il parvient à ne pas prononcer d'article en l'espace d'une minute, son équipe marque un point.
Noter le résultat obtenu dans le tableau des scores.
• Faire lister au tableau quelques mots de la classe de mots étudiée qui n'ont pas été prononcés. Les écrire dans une colonne, en mettant en titre le nom de la classe de mots.
• Demander à l'équipe Kiwis de désigner un joueur.
• Procéder ainsi jusqu'à ce que deux enfants par équipe aient joué.
• L'équipe qui a le plus de points à la fin du jeu a gagné.

Prolongement écrit

• Réaliser en petits groupes une liste à afficher pour chaque classe de mots étudiée. Après plusieurs séances de ce jeu, les enfants auront à leur disposition de nombreux « réservoirs de mots » répartis par classes grammaticales.

• Recopier dans le classeur d'écriture les listes de mots rédigées au tableau pendant le jeu.

• Rédiger dans le cahier d'essai des phrases à partir des mots listés dans les colonnes du tableau.

Conseils

• Trois enfants peuvent jouer le rôle d'arbitres. Ils s'occupent du chronomètre et interrompent l'entrevue quand un mot interdit a été prononcé. Ils s'occupent également du tableau des scores.

• Au début du jeu, poser des questions à la place des équipes, en guise d'exemples.

• Imposer à la classe des thèmes de discussion pour aider les enfants à formuler des questions. Ceci rend la situation moins artificielle et la conversation plus fluide.

Exemple :

Le sport	*L'école*	*Le cinéma*	*Les animaux*
La musique	*Les jeux vidéo*	*Le quartier / Le village*	*La famille*
L'actualité	*Les copains*	*La télévision*	*Les livres*

Variantes

• **Version coopérative :** La classe constitue une seule équipe. Les enfants viennent jouer un par un et doivent prononcer le moins de mots interdits possible. C'est l'enseignant qui pose les questions. La classe a gagné si elle parvient à battre le record de la séquence précédente. À chaque fois, cinq joueurs passent au tableau, à raison d'une minute par enfant.

• Imaginer avec les enfants un système pyramidal qui impose de plus en plus de contraintes.

Le mot interdit

Niveau 7 Il est interdit de prononcer des noms communs et des adjectifs.
Niveau 6 Il est interdit de prononcer des adjectifs.
Niveau 5 Il est interdit de prononcer des noms communs.
Niveau 4 Il est interdit de prononcer des verbes.
Niveau 3 Il est interdit de prononcer des déterminants masculins et féminins.
Niveau 2 Il est interdit de prononcer des déterminants féminins.
Niveau 1 Il est interdit de prononcer des déterminants masculins.

Reproduire cette pyramide au tableau ou sur une grande affiche.

Il ne s'agit plus de piocher des affiches dans le panier pour relever un défi, mais de relever le challenge donné à chaque ligne de la pyramide.

Un joueur par équipe se déplace devant la pyramide et place son aimant de couleur sur le niveau 1. Quand un joueur réussit à ne pas prononcer un mot interdit, il avance son pion au niveau deux. Dans le cas contraire, l'aimant ne changera pas de niveau et le joueur de l'équipe suivante prend la main.

L'équipe qui parvient en premier au niveau 7 a gagné.

L'accord parfait

Du CE2 au CM2

Compétences :	Marquer l'accord en genre et en nombre dans le groupe nominal. Repérer et réaliser les chaînes d'accord dans le groupe nominal.
Organisation :	Les élèves sont répartis en quatre équipes.
A.P.C. / soutien :	Une équipe peut être remplacée par un joueur seul.
Matériel individuel :	Le cahier d'essai. Un dictionnaire.
Matériel collectif :	Les affiches avec le nom des quatre équipes. ➤ Affichage pour les équipes Des feuilles bristol au format A4 (1 mot/feuille). Quatre feuilles de couleur au format A3. De la pâte autocollante. Un tabouret haut.
Durée :	60 minutes.

Reconstituer une phrase correcte.

Savoir se séparer de ses mots permet d'en récupérer d'autres !

Préparation

• L'enseignant détermine les mots du jeu dans l'objectif de former quatre phrases de neuf mots. Le nombre de mots dans chaque phrase et leur niveau de langue est à établir en fonction du niveau des élèves.

• Il copie un mot par feuille bristol (36 feuilles en tout).

Déroulement

• Répartir les élèves en quatre groupes : Fraises, Citrons, Oranges et Kiwis.

• Distribuer au hasard neuf étiquettes par équipe. Chacune les fixe avec de la pâte autocollante sur une affiche (feuille de couleur A3). Faire expliquer au besoin le sens de certains mots.

• Chaque affiche comporte en en-tête le fruit de l'équipe. Elle est collée sur un mur ou un panneau derrière chaque groupe.

Exemple :

promène	noirs	champs.	gros
se	Les	les	dans
dans	les	promènent	champ.
le	noir	taureaux	grosse
gros	promènent	égouts.	grosses
Les	Le	noires	promène
souris	vache	chat	les
La	se	sur	toits.
noire	se	se	dans

Exemple de phrases à reconstituer pour le jeu :

Le gros chat noir se promène sur les toits.

Les grosses souris noires se promènent dans les égouts.

La grosse vache noire se promène dans le champ.

Les gros taureaux noirs se promènent dans les champs.

• Pour gagner, une équipe doit reconstituer une phrase de neuf mots grammaticalement correcte. Un système de défis permet à un groupe d'échanger une étiquette contre une autre.

Un **défi** s'effectue toujours à deux équipes. Il s'agit de répondre le plus rapidement possible à une question sur le genre ou le nombre des mots.

Exemple : *les Citrons lancent un défi aux Fraises. Un enfant de chacune des deux équipes vient au tableau et se place d'un côté du tabouret, la main au-dessus du siège. La question suivante est posée par l'enseignant : « Quel est le pluriel du mot bocal ? » Le joueur des Citrons pose en premier sa main sur l'assise du tabouret, puis répond.*

Si sa réponse est correcte : son équipe peut choisir une étiquette sur l'affiche des Fraises. Elle devra lui en donner une autre en échange.

Si sa réponse est incorrecte : l'équipe des Fraises prend la main et choisit une étiquette sur l'affiche des Citrons. Elle devra lui en donner une autre en échange.

• Donner la main à l'équipe suivante qui pourra défier celle de son choix. Une équipe qui remporte un défi ne garde pas la main pour le défi suivant car le jeu risquerait d'être déséquilibré. Inviter les équipes une par une à en défier une autre permet à chaque groupe de jouer régulièrement.

• Quand une équipe pense avoir trouvé une phrase correcte, elle dit : « *Stop* ». Elle la forme sur son affiche.

• Prendre cette affiche et la fixer au tableau. Un enfant de l'équipe lit la phrase et argumente leur choix, notamment en ce qui concerne les accords en genre et en nombre. Solliciter également les auteurs de la phrase ou les autres élèves de l'équipe sur la syntaxe, la bonne utilisation de la ponctuation et des majuscules.

• Demander l'avis des autres élèves de la classe : « Qu'en pensez-vous ? Cette phrase vous semble-t-elle correcte ? Un accord vous paraît-il mauvais et si oui, lequel ? » Ainsi, valider ou invalider la phrase de l'équipe.

– Si la phrase est correcte : l'équipe a gagné. Le jeu se poursuivra avec les autres groupes encore en course.
– Si la phrase est incorrecte : les trois autres équipes ont le droit d'échanger une étiquette de leur choix.

Proposition de défis

Exiger chaque fois une épellation du mot pour valider la réponse.

• Le pluriel des noms communs

caillou / cailloux
hibou / hiboux
chou / choux
cheval / chevaux
cheveu / cheveux
animal / animaux
pneu / pneus
festival / festivals
vitrail / vitraux
bocal / bocaux
détail / détails
travail / travaux
cadeau / cadeaux
pneu / pneus
œil / yeux

• Le féminin des noms communs et adjectifs

fermier / fermière
équipier / équipière
patineur / patineuse
supérieur / supérieure
magicien / magicienne
ami / amie
secret / secrète
pharmacien / pharmacienne
visiteur / visiteuse
sportif / sportive
ambitieux / ambitieuse
maître / maîtresse

Prolongement écrit

• Récrire au tableau les mots proposés pendant les défis et faire rappeler la règle concernant l'accord du nom.

• Demander à chaque enfant d'écrire une liste de sept mots au singulier et d'écrire à côté de chacun d'eux son pluriel. Les listes ainsi constituées serviront de questions-défi lors de la prochaine partie.

• Par équipes, les enfants doivent écrire une phrase comportant des accords en genre et en nombre. Cette phrase sera utilisée lors de la prochaine partie. Une équipe ne pourra pas reconstituer sa phrase.

Conseils

• Laisser un temps de réflexion pour que chacun puisse évaluer les étiquettes dont il a besoin.

• Apporter une aide éventuelle pour éclaircir un point de grammaire sur l'accord du genre et du nombre.

• Pour aider les élèves à reconstituer la phrase, numéroter les mots selon leur ordre d'apparition dans la phrase. Par exemple, les premiers, quatrièmes et sixièmes mots sont précédés de leur numéro.

Variante

Le joker. Certaines questions, plus difficiles que d'autres, peuvent faire gagner un joker. Il s'agit d'un aimant rouge à fixer sur une étiquette-mot. Ce joker empêche une équipe de pouvoir s'emparer du mot. C'est au groupe qui a gagné le joker de décider sur quel mot il sera placé. Entre deux défis, un joker peut changer d'étiquette.

Le béret des mots

Du CE1 au CM2

Compétence :	Connaître les classes de mots.
Organisation :	Les élèves sont répartis en deux équipes, dans le préau ou la salle d'évolution.
Matériel individuel :	Le cahier d'essai.
Matériel collectif :	Des dossards verts et rouges. Deux séries d'étiquettes classe de mots. Deux paniers. Un foulard. Une feuille au format A3. Du ruban adhésif.
Durée :	45 minutes.

Marquer le plus de points.

La règle du jeu du béret est la même, sauf que les numéros sont remplacés par des mots.

Préparation

• Préparer deux jeux d'étiquettes, strictement identiques, sur lesquelles sont notées les classes de mots qui ont été abordées avec les élèves.

Exemple :

Déterminant	Nom commun	Nom propre
Verbe	Adverbe	Adjectif

• Les deux jeux d'étiquettes réunis doivent être équivalents au nombre de joueurs; au besoin, doubler ou tripler certaines étiquettes.
• Mettre chaque série d'étiquettes dans un panier.

Déroulement

• Expliquer qu'un jeu de grammaire va être organisé dans le préau, mais qu'une séance de rappel des notions est nécessaire.

• Tracer deux colonnes au tableau. Écrire en haut de la colonne de gauche *Classes de mots* et en haut de la colonne de droite *Exemples.*

• Demander aux enfants de nommer les différentes classes de mots qu'ils connaissent. Les écrire dans la colonne de gauche.

• Faire relire et demander des exemples pour chacune des classes. Écrire ces exemples dans la colonne de droite.

Exemple :

Classes de mots	Exemples
Déterminant	*un – le – des*
Nom commun	*forêt – table – échelle*
Nom propre	*Nicole – Marseille*
Adjectif	*superbe – étonnant*
Verbe	*distribuer - écrire*

• Au besoin, relire collectivement les références communes de la classe (affiches avec les règles de grammaire ou traces écrites dans le classeur d'écriture).

• Énoncer la règle du jeu : deux équipes vont s'affronter sur le principe du jeu du béret. Demander à un élève de rappeler la règle initiale de ce jeu : deux équipes dont chaque joueur porte un numéro. À l'annonce d'un numéro, le joueur de chaque équipe portant ce numéro doit courir vers le centre du terrain pour attraper un béret ou un foulard, situé à égale distance des deux équipes.

Préciser que désormais, ce n'est pas un nombre qui sera attribué à chaque joueur, mais une classe de mot.

Exemple : *« Si je prononce le mot Vercingétorix, ce sont les enfants qui ont l'étiquette nom propre qui devront s'emparer du foulard. »*

• Faire reformuler la règle et répondre aux questions.

• Répartir les élèves en deux équipes, Rouges et Verts. Donner à chaque enfant le dossard correspondant.

• Inviter chaque élève de l'équipe Rouges à venir piocher une étiquette dans son panier. Les enfants d'une même équipe peuvent se présenter leur étiquette et s'aider mutuellement. Procéder de même pour l'équipe Verts.

• Tracer sur une feuille un tableau de trois colonnes et noter la distribution des étiquettes.

Exemple :

	Rouges	Verts
déterminant	*Tom – Maxime*	*Inès – Edwina*
nom commun	*Émilie – Thibault*	*Angel - Elian*
nom propre	*Gabriel – Piotr*	*Clara – Éva*
adjectif	*Margot – Théo*	*Kevin - Jayson*
verbe	*Robin – Thibault*	*Amélie - Clara*

• Inviter les enfants à se ranger et à se rendre dans le préau ou la salle d'évolution.

• Disposer les deux équipes face à face sur deux lignes parallèles distantes de 10 mètres environ.

• Poser le foulard à égale distance des deux équipes. Tracer un cercle à la craie autour ou coller un adhésif en dessous pour marquer son emplacement exact.

• Demander à chacun de bien relire son étiquette classe de mot et procéder tout de suite à quelques exemples.

• Organiser une première partie :

Donner un mot. Les deux joueurs dont l'étiquette correspond à la classe du mot énoncé courent vers le centre du terrain récupérer le foulard. Ils doivent le rapporter dans leur propre camp sans se faire toucher par leurs adversaires.

– Si le porteur du « béret » retourne dans son camp sans être touché, son équipe marque un point.

– Si un joueur touche son adversaire porteur du « béret », son équipe marque un point.

La première équipe qui marque cinq points a gagné.

• Au besoin, après la première manche, réunir les enfants en cercle et répondre à leurs questions, sur l'arbitrage et les règles et sur les points grammaticaux. Apporter les éclaircissements nécessaires ou faire expliquer par certains enfants.

• Effectuer d'autres parties, soit en conservant la même distribution d'étiquettes ou, si le niveau des élèves le permet, en les redistribuant.

Prolongement écrit

• Écrire au tableau les mots qui ont été énoncés pendant le jeu. Sur leur cahier d'essai, les enfants doivent les ranger par classes de mots.

• Un enfant pioche une étiquette dans le panier et doit écrire une liste de dix mots correspondant à la classe grammaticale piochée.

Conseils

• Avant de se rendre sur le terrain de jeu, procéder à un petit entraînement en classe. Chaque élève est à sa place avec son étiquette dans la main. Dire un mot à voix haute. Les enfants porteurs de la classe de mots correspondante doivent se lever.

• Quand un enfant a ramené le foulard dans son camp, il peut s'asseoir. Ceci permet à un des coéquipiers qui a la même classe de mots de pouvoir tenter de rattraper le « béret » la prochaine fois.

Phrases & Cie

CM1 / CM2

Compétences :	Connaître et écrire des phrases déclaratives, interrogatives, injonctives et exclamatives. Connaître et écrire des compléments circonstanciels (lieu, temps). Utiliser les signes de ponctuation usuels.
Organisation :	Les élèves sont répartis en quatre équipes. Le nombre d'équipes peut être réduit ou augmenté.
A.P.C. / soutien :	Une équipe peut être remplacée par un joueur seul.
Matériel individuel :	Le cahier d'essai. Le classeur d'écriture.
Matériel collectif :	Un jeu d'étiquettes phrases par équipe. Quatre étiquettes type de phrase : déclarative, interrogative, injonctive et exclamative. Deux étiquettes : C.C. de lieu et C.C. de temps. Quinze aimants. Quatre enveloppes. Une ardoise. Deux paniers. Des haricots secs.
Durée :	45 minutes par séance.

Remporter un maximum de haricots.

Écrire des phrases de plus en plus complexes mérite bien quelques haricots !

Préparation

• Pour la première séance, fabriquer quatre jeux des quinze étiquettes phrases suivantes :

Iras-tu à l'anniversaire de Maxime ?

Je le connais très bien

Viens ici !

Que penses-tu de ces baskets ?

Léonard de vinci a peint la joconde

Connais-tu Mona Lisa ?

C'est l'anniversaire de Maxime ?

Lisa portait une robe bleue

C'est le moment d'y aller.

Je suis tellement content !

Ne mets pas de la peinture partout !

Ne salis pas tes baskets !

Attention à la fenêtre !

Faut-il que je vienne ?

Est-ce ton ordinateur ?

Mettre un jeu d'étiquettes dans chaque enveloppe.

• Pour la deuxième séance, faire quatre étiquettes type de phrases : déclarative, interrogative, injonctive et exclamative et les mettre dans un panier.

• Pour la troisième séance, faire deux jeux d'étiquettes : complément circonstanciel de lieu et complément circonstanciel de temps.

Déroulement

• Répartir les élèves en quatre équipes : Fraises, Citrons, Oranges et Kiwis.

• Expliquer le principe du jeu : Chaque groupe a sur sa table un pot vide. À chaque manche, un certain nombre de haricots peut être gagné. L'équipe qui a le plus de haricots dans son pot au terme des trois manches remporte la victoire.

Séance 1 : *tri de phrases*

• Distribuer à chaque équipe une enveloppe où figurent les quinze étiquettes phrases.

• Demander à chacun des groupes de trier ces phrases en quatre familles, sans apporter d'indications supplémentaires.

• Passer dans les groupes pour noter sur une feuille les bonnes et mauvaises réponses; ceci permet d'attribuer les points à la fin de la séance, mais également de repérer les éventuelles difficultés rencontrées.

• Tracer au tableau quatre colonnes : Famille 1, Famille 2, Famille 3, Famille 4.

• Quand les équipes ont terminé, inviter le capitaine d'une des équipes à venir aimanter chacune des phrases au tableau, en respectant les quatre familles établies pendant la phrase de réflexion.

Préciser aux trois autres équipes qu'il n'est plus permis de changer une étiquette de famille.

• Solliciter l'avis et les commentaires des enfants : « Êtes-vous d'accord avec cette répartition ? Pourquoi ? » Organiser un débat en laissant les élèves confronter leur point de vue.

• Permettre à un enfant de venir procéder à une modification au tableau, puis laisser à nouveau les autres élèves s'exprimer.

Pour éviter une erreur dans le comptage des points, remettre l'étiquette qui a été déplacée à sa place initiale.

• Attribuer les points à l'équipe qui a proposé sa répartition au tableau. L'attribution des points se fait de la manière suivante :

– Une équipe qui a réussi à recomposer les quatre familles gagne cinq points.
– Une équipe qui a commis une erreur gagne quatre points, une équipe qui a commis deux erreurs gagne trois points, etc.
– Une équipe qui a commis plus de quatre erreurs ne gagne pas de points.

Distribuer autant de haricots que de points gagnés.

• Apporter ensuite les solutions correctes en intitulant correctement les en-têtes des colonnes et en modifiant au besoin la place des étiquettes au tableau. Il n'est pas nécessaire de demander aux autres groupes de venir présenter leur résultat puisque chacun a pu s'exprimer lors du débat.

Phrases déclaratives	**Phases interrogatives**	**Phrases injonctives**	**Phrases exclamatives**
Je le connais très bien. Léonard de Vinci a peint la Joconde. C'est l'anniversaire de Maxime. Lisa portait une robe bleue. C'est le moment d'y aller.	Iras-tu à l'anniversaire de Maxime ? Que penses-tu de ces baskets ? Connais-tu Mona Lisa ? Faut-il que je vienne ? Est-ce ton ordinateur ?	Viens ici ! Ne mets pas de la peinture partout ! Ne salis pas tes baskets !	Je suis tellement content ! Attention à la fenêtre !

• Préciser que la difficulté résidait dans le fait que certaines phrases, comportant le même thème ou le même champ sémantique, n'appartenaient pas à la même famille.

• Attribuer les points (et les haricots) aux trois autres équipes.

Séance 2 : *écriture de phrases*

• Un enfant de chaque équipe pioche dans le panier une des étiquettes : *déclarative, interrogative, exclamative* ou *injonctive*. Il la présente à ses co-équipiers. Noter sur une feuille le nom de l'équipe et l'étiquette piochée.

• Expliquer le principe de cette manche : chaque équipe doit produire une phrase. Cette phrase doit avoir la forme indiquée par l'étiquette piochée, respecter la ponctuation d'usage et commencer par une majuscule. C'est le « secrétaire » de l'équipe qui la notera sur son cahier d'essai.

• Écrire au tableau les critères d'attribution des points :

– La phrase a la forme demandée = 2 haricots.

– Les signes de ponctuation correspondent à la forme de phrase imposée = 2 haricots.

– La phrase commence par une majuscule et se termine par un point[1] = 2 haricots.

• Laisser le temps nécessaire à chaque équipe pour produire la phrase. Passer au besoin dans les groupes pour redonner la définition des quatre types de phrases.

• Sans modifier le type et le contenu de chaque phrase, procéder à une rectification orthographique pour que les élèves ne visualisent pas de fautes lors de la mise en commun.

• Quand les quatre équipes ont terminé, inviter le « secrétaire » de chaque équipe à écrire sa phrase au tableau.

• Demander à un enfant de chaque groupe de lire sa production à haute voix, puis procéder à l'analyse de chacune : demander à une équipe quelle était sa contrainte de départ, puis solliciter les autres élèves pour valider ou invalider. Faire venir un enfant au tableau pour entourer les indices qui permettent de vérifier la forme de la phrase.

> **Exemple** : *À partir de la contrainte forme interrogative, l'équipe Fraises a écrit la phrase suivante : [As-tu] rangé ton ballon[?]*

• Établir le même déroulement pour les trois autres équipes, puis procéder à l'attribution des points à partir des critères définis au tableau. Distribuer à chaque équipe autant de haricots que de points gagnés.

Séance 3 : *écriture de phrases avec les compléments*

• Mettre à disposition des élèves un panier avec les étiquettes type de phrase et un avec les étiquettes compléments circonstanciels.

• Un enfant de chaque équipe pioche dans le panier une des étiquettes : *déclarative, interrogative, exclamative* ou *injonctive*. Il présente l'étiquette à ses coéquipiers. Noter sur une feuille le nom de l'équipe et l'étiquette piochée.

---

1. Pour les niveaux CM1/CM2, on donnera moins d'indications en notant : « Le début et la fin de la phrase sont corrects. »

• Un autre enfant de chaque équipe pioche dans le deuxième panier une des étiquettes : complément circonstanciel de temps ou complément circonstanciel de lieu. Il présente l'étiquette à ses coéquipiers. Noter sur la feuille en face du nom de l'équipe le complément circonstanciel pioché.

• Expliquer le principe de cette manche : comme lors de la séance précédente, chaque équipe doit produire une phrase, que le « secrétaire » notera sur son cahier d'essai. Cette phrase doit tenir compte des deux étiquettes piochées : elle doit respecter le type de phrase et contenir un complément circonstanciel. La phrase peut avoir autant de mots que vous souhaitez, mais doit respecter la ponctuation d'usage et commencer par une majuscule.

• Les critères d'attribution des points sont les mêmes que dans la manche précédente. Toutefois, il faut en ajouter un : le complément circonstanciel est correct = 2 haricots.

• Laisser le temps nécessaire à chaque équipe pour produire la phrase. Passer au besoin dans les groupes pour redonner la définition des quatre types de phrases ou des compléments circonstanciels.

• Avant de terminer la phase de production d'écrits, procéder à une vérification orthographique dans chaque groupe pour que les élèves ne visualisent pas de fautes lors de la mise en commun.

• Quand les quatre équipes ont terminé, chaque « secrétaire » écrit sa phrase au tableau.

• Demander à un enfant de chaque groupe de lire sa production à haute voix, puis procéder à l'analyse de chacune : demander à une équipe quelle était la forme de phrase et le type de complément circonstanciel imposés, puis solliciter les autres enfants pour valider ou invalider. Faire venir un enfant au tableau pour entourer les indices qui permettent de vérifier la forme de la phrase.
Il peut entourer le point et le groupe *dans la piscine*.

> **Exemple :** *À partir de la contrainte forme affirmative et complément circonstanciel de lieu, l'équipe Citrons a écrit la phrase suivante : Il est trop tôt pour aller dans la piscine*.

• Établir le même déroulement pour les trois autres équipes, puis procéder à l'attribution des points à partir des critères définis au tableau. Distribuer à chaque équipe le nombre de haricots gagnés.

• L'équipe qui a le plus de point au terme des trois séances a gagné.

Prolongement écrit

• Recopier les phrases produites dans le classeur d'écriture. Elles constitueront des références communes auxquelles les enfants pourront se reporter.

• Sur son cahier d'essai, chaque élève change la forme d'une phrase produite pendant le jeu. Une phrase affirmative est transformée en phrase interrogative, etc. Corrigées individuellement, les phrases sont ensuite recopiées dans le classeur d'écriture.

• Répartir les enfants en groupes, et demander à chacun de produire une affiche comprenant des phrases interrogatives, affirmatives, etc.

• Faire écrire à chaque élève une phrase affirmative, interrogative, injonctive ou exclamative. Réunir l'ensemble des phrases produites, les saisir sur informatique, puis les utiliser pour rejouer à la séance 1 (tri de phrases).

Variante

Une quatrième séance peut introduire la notion de forme affirmative ou négative. Un troisième panier comporte les étiquettes *affirmatives* et *négatives*. Avant de mener la séance, prendre le temps de noter sur une affiche l'ensemble des mots outils qui expriment la négation :

Ne – ne… pas – ne… plus – jamais – rien – ni – aucun – personne – guère

Les phrases produites dans les équipes peuvent être recopiées sur des grandes bandes de papier pendant la phase d'écriture. Elles seront ensuite affichées au mur et serviront de références à la classe.

La boîte à mimes

CE1 / CE2

Compétences : Connaître la fonction du verbe.
Trouver l'infinitif du verbe.

Organisation : Les élèves sont répartis en deux équipes.

A.P.C. / soutien : Au moins deux joueurs par équipe sont nécessaires.

Matériel individuel : Le cahier d'essai.
Le classeur d'écriture.

Matériel collectif : Des dossards verts et rouges.
Des petits haricots secs.
Trente étiquettes cartonnées.
Un chronomètre.
Un pot de confiture vide par équipe.
Une ardoise et un feutre par équipe.

Durée : 45 minutes par séance.

Avoir un maximum de haricots dans son pot.

Sans prononcer un mot, je dois faire deviner un verbe !

Préparation

- Copier un verbe d'action simple sur chaque étiquette cartonnée.

Exemple : *danser – jouer – tourner – travailler – écrire – cuisiner – clouer – regarder – frotter – peindre – rire, etc.*

Prévoir environ trente étiquettes verbe.
Les verbes sont à choisir en fonction de ceux rencontrés dans les textes de lecture ou ceux déjà listés dans des répertoires de mots. Selon le niveau de la classe, ils peuvent appartenir au premier, deuxième ou troisième groupe.

- Copier sur d'autres étiquettes des adjectifs ou des noms communs.

Exemple : *puissant – intéressant – beau – arbre, etc.*

Prévoir six étiquettes.

Déroulement

• Répartir les élèves en deux équipes : Rouges et Verts. Donner à chaque enfant le dossard correspondant et à chaque groupe un pot de confiture vide.

• Énoncer la règle : le jeu se déroule en trois ou quatre manches selon le niveau de la classe. Pour gagner des points représentés par des haricots, il faut deviner des mots mimés par un des enfants de l'équipe. L'équipe qui aura le plus de haricots dans son pot à la fin de la partie aura gagné.

Séance 1

• Faire venir un joueur de l'équipe Rouges au tableau. Lui montrer sur une étiquette le mot *danser*. Il a une minute pour faire deviner le mot à son équipe en le mimant. Il est interdit de parler.

• Pour aider ses partenaires à trouver la bonne réponse, faire verbaliser les actions qu'effectue le mime. Quand les mots « il danse », « danse » ou « danser » sont prononcés par l'un des membres de l'équipe, le point est gagné. Le mime peut retourner à sa place avec un haricot.

• Si le mime n'a pas réussi à faire deviner le mot, demander à l'autre équipe d'écrire sur son ardoise la bonne réponse. En cas de victoire, elle remporte un haricot.

Si personne ne devine le mot, continuer le jeu avec une autre équipe.

• Tracer deux colonnes au tableau. Si la réponse formulée par l'équipe est : « il danse », écrire cette forme conjuguée dans la colonne de droite. Si la réponse est « danser », écrire ce verbe à l'infinitif dans la colonne de gauche.

• Demander à l'ensemble des élèves d'inventer oralement une phrase avec le mot *danser*.

• Faire venir un joueur de l'équipe Verts et procéder de la même façon.

• Adopter la même démarche jusqu'à ce que chaque élève ait mimé une fois.

• Faire lire les formes conjuguées de la colonne de droite par un enfant et les verbes à l'infinitif par un autre élève.

Danser	Il danse.
Jongler	Elle jongle.
Manger	Il mange.
Travailler	Il travaille.
Penser	Elle pense.
Visiter	Il visite.

Écrire en titre de la première colonne *Verbes à l'infinitif* et en titre de la seconde *Formes conjuguées*.

• Expliquer que ces mots s'appellent des verbes, et qu'ils indiquent généralement une action. Préciser que, dans le dictionnaire, les verbes sont écrits à l'infinitif.

Séance 2

• Procéder de la même manière que dans la première partie, mais préciser que pour cette deuxième manche, les enfants ne pourront plus répondre qu'en donnant des verbes à l'infinitif.

Séance 3

• Demander à l'équipe Rouges de choisir un joueur pour mimer. Celui-ci doit faire deviner le plus de verbes possible à l'infinitif, en 90 secondes. S'il ne parvient pas à mimer un verbe, il peut le passer et y revenir ensuite. Il peut faire deviner 5 verbes maximum. À chaque bonne réponse, l'équipe remporte un haricot.

• À la fin du temps imparti, écrire les réponses au tableau, puis demander aux élèves de trouver une phrase comprenant chaque verbe sous une forme conjuguée. Les écrire au tableau.

> **Exemple :**
> *Marcher : Il marche vers l'école.*
> *Casser : Boualem a cassé son vélo.*
> *Changer : Arnaud et Sophie changent de place.*
> *Coller : Christophe colle sa feuille.*
> *Dessiner : Elle dessine un paysage.*

• Dans chaque phrase, souligner en rouge la forme conjuguée, puis écrire un V majuscule rouge en dessous. Expliquer ce que signifie V (verbe).

• Procéder de la même manière pour l'équipe Verts.

Séance 4 (à partir du CE2)

• La règle est la même que celle de la manche précédente, mais parmi les étiquettes de mots à faire deviner se cachent un nom commun ou un adjectif. Le mime ne doit faire deviner que les verbes car eux seuls permettent de gagner des haricots.

> **Exemple :**
> *Démarrer le chronomètre et montrer au mime le premier mot : « Couper ». Ses partenaires trouvent et prononcent le verbe à l'infinitif : « Couper ».*
> *Présenter ensuite le deuxième mot : « Gourmand ».*
> *– Si le mime repère qu'il ne s'agit pas d'un verbe, il demande à passer le mot et à faire deviner le suivant.*
> *– S'il pense qu'il s'agit d'un verbe, il le fait deviner à ses camarades, mais ne remportera pas de points en cas de bonne réponse.*

• Le nombre total de mots à faire deviner en 90 secondes est de quatre (plus le mot intrus).

• Au terme du temps imparti, ou quand la liste est terminée, afficher les 5 mots au tableau et vérifier collectivement si le mot intrus a bien été passé. Pour vérifier la bonne compréhension, faire une analyse de chaque mot, en précisant la nature de chacun.
• Procéder de la même manière pour l'autre équipe.

Prolongement écrit

• **Séances 1 et 2.** Donner une étiquette du jeu à chaque élève pour qu'il écrive dans son cahier d'essai une phrase en conjuguant le verbe. Corriger individuellement et demander de souligner le verbe en rouge et d'écrire un V majuscule rouge en dessous.

• **Séance 3.** Chaque enfant écrit une phrase avec un verbe conjugué de son choix. Corriger individuellement et demander de pointer du doigt le verbe. Les élèves s'associent ensuite par deux. L'un présente sa phrase à l'autre qui doit souligner le verbe en rouge. Passer auprès de chaque binôme pour valider les réponses et expliquer au besoin. Les élèves dont les phrases ont été corrigées recopient leur phrase dans le classeur d'écriture.

• **Séance 4.** Écrire une liste de 10 mots au tableau. Les enfants la recopient dans leur cahier d'essai, et doivent barrer les 3 mots intrus qui ne sont pas des verbes. Recopier les listes de verbes dans le classeur d'écriture en les classant par groupes (à partir du CE2).

Conseils

• C'est l'enseignant qui choisit l'étiquette montrée au joueur : il maîtrise ainsi la progression dans la difficulté.
• Les mots intrus peuvent être collés sur une affiche dont le titre serait : « Qui sommes-nous ? ». Au fur et à mesure que des classes de mots grammaticales sont découvertes, les enfants peuvent émettre des hypothèses sur la nature de ces mots et les enlever progressivement de l'affiche.

Variante

Version coopérative : La classe constitue une seule équipe. Les enfants viennent jouer un par un et doivent deviner le plus de verbes possible. La classe a gagné si elle parvient à battre le record de la séance précédente ou un nombre fixé au début de la partie.

Bingo !

Du CE1 au CM2

Compétence :	Connaître les formes conjuguées du présent des verbes du premier, deuxième ou troisième groupe.
Organisation :	Les élèves sont en binômes ou en trios.
Matériel individuel :	Le cahier d'essai.
Matériel collectif :	Les étiquettes et les planches de Bingo. ➤ Matériel spécifique aux jeux - jeu 8
Durée :	40 minutes.

Avoir complété sa planche de Bingo en premier.

Recouvrir six cases avec six étiquettes : rien de plus facile ! Mais encore faut-il connaître les terminaisons du présent de l'indicatif.

Déroulement

• Les élèves sont répartis en binômes et chacun a une planche de bingo.
Une planche est composée de 6 cases avec dans chacune un verbe et un pronom personnel.

> **Exemple :** *verbe : manger*
> *pronom : tu*

jeu 8

1 — Présent des verbes du premier groupe — BINGO

verbe : **plier** *pronom :* **tu**	*verbe :* **gagner** *pronom :* **tu**
verbe : **chanter** *pronom :* **on**	*verbe :* **casser** *pronom :* **elles**
verbe : **terminer** *pronom :* **je**	*verbe :* **chanter** *pronom :* **ils**

Choisir les planches pour travailler le premier, deuxième ou troisième groupe selon le niveau de la classe.

• Laisser un temps nécessaire pour que chacun puisse lire les verbes et anticiper les réponses à trouver.

• Énoncer la règle du jeu : l'enseignant va montrer à l'ensemble du groupe une étiquette sur laquelle figure un verbe conjugué; il la lira. L'élève qui aura, sur sa planche, la case correspondant à cette étiquette devra le faire savoir en tapant un petit coup sur la table.

– S'il frappe à bon escient, il remporte l'étiquette et la place sur sa case.
– S'il frappe à tort, lui prendre au hasard une étiquette acquise précédemment sur sa planche.

> **Exemple :**
> *L'enseignant montre la carte « tu manges ». L'enfant qui a la case « verbe : manger – pronom : tu » sur sa planche se manifeste en tapant un petit coup sur sa table. Il gagne l'étiquette et la pose sur sa case.*

• Répondre aux questions éventuelles sur le sens des verbes figurant sur la planche ou sur la règle du jeu.

• Commencer la partie en présentant une première étiquette.

• Quand un enfant la demande à bon escient, tracer trois colonnes au tableau. Dans la première écrire le verbe à l'infinitif, dans la seconde le pronom personnel et dans la troisième la forme conjuguée du verbe. Écrire en en-tête du tableau le groupe des verbes étudiés.

Exemple :

Verbes du premier groupe		
Verbe	**Pronom personnel**	**Forme conjuguée**
Manger	*Tu*	*Tu manges.*

Écrire dans ce tableau les différents verbes manipulés pendant la partie.

• Poursuivre de la sorte jusqu'à ce que tout le monde ait complété sa planche. Le gagnant est celui qui a réussi à compléter sa planche en premier.

Prolongement écrit

Construction d'un bingo : chaque enfant choisit un verbe du premier groupe et le conjugue à toutes les personnes du présent sur son cahier d'essai. Après avoir corrigé les erreurs éventuelles, lui donner une planche vierge où il écrira dans une des cases son verbe à l'infinitif et le pronom demandé. Sur une étiquette, il écrira la réponse qui se trouve dans son cahier d'essai.

Il passe la planche à son voisin, qui complète aussi une case avec son verbe à l'infinitif et un pronom personnel demandé. Faire circuler ainsi une planche pour six élèves.

Dans le cadre de l'utilisation du numérique et des TICE à l'école, demander aux élèves de saisir chaque planche en utilisant le patron d'étiquettes vierges joint dans le CD-Rom. Les imprimer et les plastifier pour pouvoir les réutiliser de nombreuses fois.

Conseil

Rappeler régulièrement aux enfants qui ont quatre ou cinq cartes sur leur planche qu'ils sont proches de la victoire. Ce jeu demandant beaucoup de concentration et de rapidité, certains oublient de dire : « Bingo ! » lorsqu'ils prennent la main pour obtenir la sixième étiquette.

Variante

Une fois le jeu bien avancé, pour ajouter une difficulté, préciser qu'un enfant qui a réuni cinq cartes sur sa planche ne doit plus frapper sur la table pour prendre la main, mais dire : « Bingo ! » pour obtenir la dernière carte. S'il oublie, lui retirer au hasard une étiquette.

Le voyage dans le temps

CE1 / CE2

Compétences : Connaître les temps *passé*, *présent* et *futur*.
Repérer à quel temps une phrase est rédigée.
Utiliser les mots indicateurs de temps.

Organisation : Les élèves sont répartis en quatre équipes.
Le nombre de joueurs dans chaque équipe doit être égal.

A.P.C. / soutien : Le nombre d'équipes peut être réduit à deux.

Matériel individuel : Le cahier d'essai.
Le classeur d'écriture.

Matériel collectif : Les étiquettes indicateurs de temps.
Un panier.
Des bandes de papier (format A3, coupée dans le sens de la longueur).
Trois cerceaux : un rouge, un bleu et un vert.
Quinze dossards rouges, verts, orange et jaunes (prévoir plus de dossards que de joueurs).
De la pâte adhésive.

Durée : Séance 1 : 30 minutes.
Séance 2 : 45 minutes.

Être l'équipe qui a le plus de joueurs.

Trois choix se présentent : passé, présent au futur. Il faut maintenant mettre les pieds au bon endroit.

Préparation

• Préparer des étiquettes sur lesquelles sont notés des indicateurs de temps qui ont été abordés avec les élèves.

Exemple :

Avant	Jadis	Autrefois	Il y a longtemps
Il y a cinq ans	L'année dernière	Quand j'étais petit	Lundi dernier
Aujourd'hui	En ce moment	Actuellement	De nos jours
Demain	Lundi prochain		Plus tard
Quand je serai grand	Dans quelques années		Dans un siècle
L'année prochaine		Quand je serai au collège	

Il doit y avoir autant d'étiquettes que de joueurs.
- Mettre ces étiquettes dans un panier.

Déroulement

- Répartir les élèves en 4 équipes : Fraises, Citrons, Oranges et Kiwis.

Séance 1 : *écriture des phrases*
- Inviter les élèves à piocher une étiquette indicateur de temps dans le panier.
- Chacun écrit, dans son cahier d'essai, une phrase avec cet indicateur temporel.
- Procéder à une correction individuelle. Une fois que la phrase est correcte, l'enfant la recopie sur une bande de papier.
- Veiller à ce que les équipes ne communiquent pas entre elles.
- Laisser un temps de lecture des phrases dans chaque groupe, puis passer à la deuxième partie du jeu.

Séance 2 : *le voyage*
- Disposer au pied du tableau trois cerceaux : le vert à gauche, le bleu au milieu et le rouge à droite. Écrire au tableau « passé » au-dessus du vert de telle sorte que tous les enfants puissent voir le mot, écrire « présent » au-dessus du bleu et « futur » pour le rouge.
- Distribuer les dossards : chaque enfant enfile celui correspondant à la couleur de son fruit.
- Expliquer le principe du jeu : chaque équipe a un nombre égal de joueurs. Le but est de capturer les candidats d'un groupe adverse en le mettant à l'épreuve du « voyage ».

Cette épreuve consiste à soumettre à l'équipe adverse une des phrases copiées sur une bande de papier. La phrase est affichée au tableau (avec de la pâte adhésive) et est lue à voix haute. L'équipe défiée doit dire si cette phrase indique le passé, le présent ou le futur. Après concertation, un des joueurs se place dans le cerceau qui indique la bonne réponse.

> **Exemple :** L'équipe Fraises met à l'épreuve l'équipe Citrons : elle colle au tableau une phrase. Un des enfants la lit à haute voix : « Il y a longtemps, mon père était élève dans cette classe. »
> L'équipe Citrons doit trouver si cette phrase indique le passé, le présent ou le futur. Après le temps de réflexion nécessaire, un de leurs joueurs se place dans le cerceau qui correspond au passé.

• Demander à un enfant de la classe de repérer les indices importants qui montrent que la phrase est au passé. Lui demander de surligner en jaune l'indicateur de temps et, selon le niveau de la classe, d'écrire un V sous le verbe.

> **Exemple :** *Il y a longtemps,* *mon père était élève dans cette classe.*
> V

• Demander à un joueur de l'équipe Citrons d'expliquer ce qui a été compris.

• Faire verbaliser par la classe les trois éléments importants à observer pour situer une phrase dans le passé, le présent et le futur :

– L'indicateur de temps.

– Le temps du verbe.

– La compréhension globale de la phrase : « Que comprend-on dans cette phrase ? Que nous explique-t-elle ? De quoi parle-t-on ? »

• Faire une validation collective en demandant si le joueur s'est placé dans le bon cerceau.

– Si la réponse est correcte, c'est l'équipe qui a collé l'affiche qui perd un joueur.

– Si la réponse est incorrecte, l'enfant dans le cerceau rejoint l'équipe attaquante.

• Quand un joueur rejoint une autre équipe, il revêt le dossard du groupe qui l'accueille, tout en gardant celui d'origine. Ceci permet de repérer combien de fois les enfants ont changé d'équipe.

Pour équilibrer le jeu, un élève qui a deux dossards ne peut pas venir se placer sur un cerceau tant que des joueurs de son équipe n'en portent qu'un seul.

• Une équipe gagnante ne garde pas la main pour autant.

• Quand toutes les phrases ont été affichées, c'est l'équipe qui compte le plus d'enfants qui a gagné.

Prolongement écrit

• En petits groupes, les enfants doivent classer les étiquettes du jeu en trois familles : passé, présent et futur.

• Toujours en petits groupes, donner une étiquette à chaque enfant. Puis demander de venir la coller au tableau dans l'ordre logique de la ligne du temps (de l'indicateur qui évoque le passé le plus éloigné à l'étiquette qui indique le futur le plus lointain).

• Donner un tableau de trois colonnes aux élèves. À partir des bandes de papier qui sont au tableau, chacun doit recopier l'indicateur de temps dans la bonne colonne. Après correction, ce document sera référencé dans le classeur d'écriture.

• Sur son cahier d'essai, chaque élève doit écrire trois phrases à partir de trois étiquettes piochées au hasard.

• Les enfants sont par deux : l'un écrit un indicateur de temps sur son cahier d'essai. Le second doit rédiger une phrase à partir de celui-ci. Inverser ensuite les rôles.

• Faire coller les bandes de papier sur trois affiches différentes : une « passé », une « présent » et une « futur ».

Conseils

• Prévoir éventuellement un système de tirage au sort dans chaque équipe pour que soit désigné l'enfant qui se placera dans un cerceau.

• Vérifier que l'ensemble de l'équipe décide du cerceau à choisir, et pas seulement l'enfant qui ira se placer.

• Si le jeu se déroule avec quatre équipes : Fraises jouent contre Citrons et Kiwis contre Oranges.

• Si le jeu se déroule avec trois équipes : un groupe met à l'épreuve celui qui n'a pas joué pendant le tour précédent.

• Si le jeu se déroule avec deux équipes (APC / soutien) : elles jouent l'une contre l'autre, jusqu'à ce qu'une équipe soit démunie de joueurs.

Le mur

Du CE1 au CM1

Compétences : Repérer le verbe dans une phrase.
Trouver l'infinitif d'un verbe.
Associer une forme infinitive à une forme conjuguée.

Organisation : Cinq élèves devant le tableau.

Matériel individuel : Le cahier d'essai.
Le classeur d'écriture.

Matériel collectif : Les cartes du jeu.
➤ Matériel spécifique aux jeux - jeu 10
Des jokers.
➤ Matériel spécifique aux jeux - jeu 10
De la pâte adhésive.

Durée : 40 minutes.

Remporter le plus de cartes.

Sur le principe du Memory, un enfant doit associer deux briques : une avec un verbe à l'infinitif et l'autre avec sa forme conjuguée.

Préparation

• Imprimer les affiches du jeu. Sur chaque feuille A4 figurent un recto (soit un verbe à l'infinitif, soit une phrase simple) et un verso où sont dessinées des briques. Plier la feuille en deux pour obtenir une carte recto/verso au format A5.

Recto

Chanter

Verso

• Tracer au tableau un quadrillage de cinq lignes sur quatre colonnes.

• Dans chaque case, fixer une carte A5 à la pâte adhésive ou avec un aimant, les briques visibles des élèves (verso).

	A	B	C	D
1				
2				
3				
4				
5				

Ce tableau est appelé « le mur » et les enfants vont devoir retourner chaque carte brique.

Déroulement

• Inviter cinq élèves à venir devant le tableau.

• Énoncer la règle du jeu : sur le principe du Memory, chacun doit retrouver et associer deux cartes : l'une contenant un verbe à l'infinitif et l'autre une phrase où ce même verbe est conjugué.

• Inviter le premier élève à jouer. Préciser qu'il ne peut retourner que deux cartes.

Exemple : *le joueur décide de retourner B2 où figure le verbe « jouer » et C3 où est écrit « Il joue du piano ». Il remporte les deux cartes et peut continuer à en soulever deux nouvelles. Si l'association n'est pas correcte, remettre les cartes dans leur case et solliciter le second joueur.*

• Pour chaque carte retournée, faire lire le verbe ou la phrase à un des quatre élèves au tableau.

– S'il s'agit d'un verbe, vérifier sa compréhension et faire trouver oralement des phrases pouvant contenir ce verbe avec sa forme conjuguée.

– S'il s'agit d'une phrase, demander à un enfant de montrer le verbe, puis de trouver sa forme infinitive. Rappeler qu'un verbe est un mot qui exprime une action.

• Quand les cinq élèves sont passés une fois, recommencer dans l'ordre jusqu'à ce que « le mur » soit « détruit ».

• L'enfant qui a le plus de paires quand le mur est détruit a gagné.

Exemple de paires correctes remportées par un élève :

	A	B	C	D
1				Nous nous reposons.
2		avoir		
3				
4	se reposer			Nous avons de la chance.
5				

Prolongement écrit

• Donner à chaque enfant une carte où figure un verbe à l'infinitif. Chacun doit écrire une phrase contenant ce verbe sous une forme conjuguée. Corrigées et saisies sur un traitement de texte, ces phrases permettront de construire un deuxième « mur » et de jouer une nouvelle partie.

• Recopier les phrases dans le classeur d'écriture pour que les productions d'écrits deviennent des références auxquelles les élèves pourront se reporter.

Conseils

• Quand une carte est remise dans sa case, faire répéter aux enfants son verbe ou sa phrase, ainsi que le code de la cellule.

• Deux jokers peuvent être cachés dans le tableau. Quand un joueur en découvre un, il aura le droit de retourner trois cartes lors de son prochain passage.

Le jeu du dictionnaire

Du CP au CM2

Compétences : Lire un texte court.
Travailler la compréhension.
Utiliser un dictionnaire.

Organisation : Cinq élèves devant le tableau.

A.P.C. / soutien : Le nombre d'élèves peut être réduit.

Matériel individuel : Des dictionnaires.
Le cahier d'essai.

Matériel collectif : Des petits haricots secs.
Cinq instruments de musique à tonalité différente (exemple : tambourin, maracas, grelot, clave, triangle).

Durée : 20 minutes.

Obtenir le plus de haricots.

Trouver un mot à partir d'une lettre et d'une définition.

Déroulement

• Inviter cinq enfants à venir devant le tableau. Donner à chacun un instrument de musique et deux haricots.

• Demander aux autres enfants de prendre un dictionnaire et de choisir un mot. Laisser le temps nécessaire pour que chacun puisse lire silencieusement sa définition.

• Interroger un enfant en vérifiant au préalable le mot qu'il a retenu. Il lit à haute voix la définition choisie, précédée de la première lettre du mot.

Exemple : *Lettre O. Grand animal qui a une épaisse fourrure, un long museau et des pattes avec des griffes.*

• L'un des cinq joueurs qui veut faire une proposition de réponse joue de son instrument et attend que la parole lui soit donnée.

• En cas de bonne réponse, il remporte un haricot.

Exemple : *Ours.*

Dans le cas contraire, il en perd un.
Un joueur ne peut pas faire plusieurs propositions pour une même définition.
• Écrire chaque mot au tableau.
• Quand dix enfants de la classe ont lu leur définition, le joueur qui a le plus de haricots a gagné.

Prolongement écrit

• Faire classer par ordre alphabétique, dans le cahier d'essai, les mots listés au tableau.
• Chercher des mots de la même famille pour chacun des mots écrits au tableau.
• Au cycle 3, demander aux élèves de reprendre les dictionnaires et de chercher le code figurant à côté du mot : V (verbe), NM (nom masculin), NF (nom féminin), ADJ (adjectif), etc. Préciser que ces codes indiquent la nature du mot. Les mots sont ensuite recopiés sur des affiches qui serviront de référence commune à la classe, ou dans le classeur d'écriture individuel.

Conseils

• Un joueur peut interrompre la lecture de la définition quand il le souhaite pour donner une réponse.
• En CP, lire les définitions à la place des enfants de la classe.
• Dans certains dictionnaires, le mot est repris dans la définition. Dans ce cas, préciser aux enfants que le mot à deviner ne peut pas être lu oralement et qu'au besoin, une partie de la phrase peut être supprimée.

> **Exemple :** *Disque : Un disque, c'est une plaque ronde sur laquelle sont enregistrés des sons. (extrait du* Robert Benjamin*)*
> *L'enfant devra dire : « Lettre D. Plaque ronde sur laquelle sont enregistrés des sons. »*

• Veiller à ce que les dictionnaires soient bien adaptés au niveau de la classe.

Les deux font la paire

Du CE1 au CM2

Compétence : Connaître des synonymes et des antonymes.

Organisation : Dans la salle d'évolution ou le préau.

Matériel individuel : Le cahier d'essai.
Le classeur d'écriture.

Matériel collectif : Les étiquettes synonymes ou antonymes (prévoir autant d'étiquettes que d'élèves).
➤ Matériel spécifique aux jeux - jeu 12

Durée : 30 minutes par partie.

Retrouver sa moitié le plus rapidement possible.

Pour s'associer, il faut déjà savoir avec qui…

Préparation

• Imprimer, découper et si possible plastifier les étiquettes de la planche *synonymes* ou de la planche *antonymes*, en fonction de la compétence étudiée.

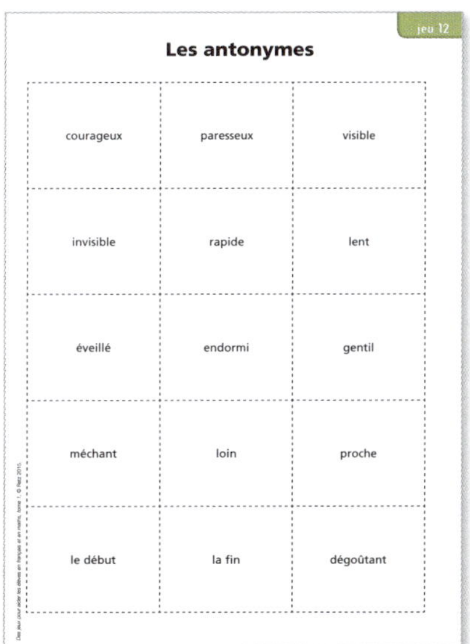
jeu 12

Les antonymes

courageux	paresseux	visible
invisible	rapide	lent
éveillé	endormi	gentil
méchant	loin	proche
le début	la fin	dégoûtant

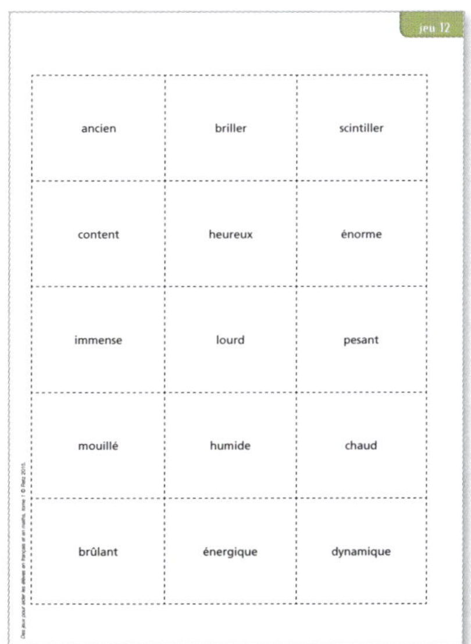
jeu 12

ancien	briller	scintiller
content	heureux	énorme
immense	lourd	pesant
mouillé	humide	chaud
brûlant	énergique	dynamique

jeu 12

Les synonymes

avoir	posséder	charmante
jolie	immeuble	bâtiment
horrible	affreux	pleurer
sangloter	bêtise	sottise
plein	rempli	vieux

jeu 12

ancien	briller	scintiller
content	heureux	énorme
immense	lourd	pesant
mouillé	humide	chaud
brûlant	énergique	dynamique

Les mots doivent être choisis en fonction du niveau de la classe. Enrichir régulièrement ces listes.

Déroulement

• Les enfants sont dans la salle d'évolution. Donner à chacun une étiquette, soit de la planche *synonymes*, soit de la planche *antonymes*.

• Sans aucune consigne particulière, demander aux élèves de regarder leur étiquette, puis de chercher le camarade qui possède l'autre mot pour constituer une paire.

• Après un temps de recherche de cinq minutes environ, réunir les élèves et leur demander quelle est, selon eux, la règle pour « s'associer ». Sans apporter de commentaires précis ou de validation, faire en sorte que chaque élève ayant une « règle d'association », même fausse, puisse s'exprimer. Demander ensuite à toute la classe quelle idée semble pertinente.

• Après avoir donné la règle d'association, inviter les élèves à repartir à la recherche de leur « paire ».

• Quand deux élèves pensent avoir trouvé la bonne association, ils font valider leur réponse par l'enseignant.

Si la réponse est correcte, les deux gagnants se placent sur le côté. Si ce n'est pas le cas, ils retournent chercher leur « moitié ».

Le dernier couple à s'être associé a perdu.

• Rejouer plusieurs parties pour permettre aux élèves de bien manipuler les différents mots.

• De retour en classe, demander à chaque couple constitué lors de la dernière manche de présenter leurs étiquettes. Les afficher au tableau et procéder à une analyse collective des associations de mots. Définir les notions de *synonyme* et d'*antonyme*. Répondre aux questions éventuelles et revenir sur les difficultés rencontrées par les enfants pendant le jeu.

Prolongement écrit

• Recopier les mots par paires dans le classeur d'écriture.
• Chaque enfant tire une étiquette au hasard et doit écrire dans son cahier d'essai une phrase comprenant un synonyme ou un antonyme de ce mot. Il faudra alors veiller à ce que les paires ne soient plus affichées au tableau.

Variantes

• En activité décrochée, demander à un petit groupe d'élèves d'écrire une planche de mots antonymes ou de mots synonymes. Après correction et saisie éventuelle sur traitement de texte, ce groupe anime le jeu auprès du reste de la classe en reprenant les règles à l'identique.
• Ce jeu est aussi intéressant à mener en mathématiques. Préparer des étiquettes nombre et des étiquettes opération et suivre le même principe de jeu : les enfants s'associent par paires.

Exemple : *Lors d'une séance sur la multiplication, un enfant portant la carte 10 doit s'associer à celui détenant la carte 5 × 2.*

Tout et son contraire

Du CE1 au CM2

Compétences :	Connaître des mots antonymes. Enrichir son vocabulaire.
Organisation :	Les élèves sont répartis en quatre équipes.
A.P.C. / soutien :	Une équipe peut être remplacée par un joueur seul.
Matériel individuel :	Le cahier d'essai.
Matériel collectif :	Les affiches avec le nom des quatre équipes. ➤ Affichage pour les équipes L'affiche du panier. ➤ Matériel spécifique aux jeux - jeu 13 Une vingtaine d'aimants. Quatre instruments de musique à tonalité différente (exemple : tambourin, maracas, grelot, xylophone).
Durée :	30 minutes par partie.

Remporter un maximum d'aimants.

Quand l'enseignant dit un mot, il faut vite répondre par un mot contraire.

Déroulement

• Répartir les élèves en quatre équipes : Fraises, Citrons, Oranges et Kiwis.

• Coller les affiches des quatre équipes au tableau. Au-dessus, fixer l'affiche *panier*.

• Expliquer le principe du jeu : « Pour obtenir un point, il suffit de répondre par un mot contraire à celui énoncé. Mais attention ! tout aimant gagné ne va pas directement à l'équipe, il est d'abord déposé dans le panier. À tout moment, une équipe peut s'emparer de son contenu en disant "panier" avant de donner une réponse. Si cette réponse est correcte, l'équipe remporte tous les points du panier; si, en revanche, elle est fausse, l'équipe perd trois points. »

• Donner à chaque équipe un instrument de musique dont elle jouera pour prendre la main et donner une réponse. Elle doit attendre que la parole lui soit donnée avant de donner sa réponse afin d'éviter les conflits d'arbitrage.

• Mener une première manche pour exemple :

> **Exemple :** « *gentil* »
> *L'équipe Oranges est la première à jouer de son instrument et prend la main. Un enfant du groupe propose le mot « méchant ».*
> *La réponse est correcte. Le point gagné est représenté par un aimant posé dans le panier.*
> *Au prochain mot énoncé, une équipe peut annoncer « panier » avant de donner sa réponse.*

• Tracer deux colonnes au tableau. Écrire le mot *gentil* dans la colonne de gauche et *méchant* dans la colonne de droite.
• Commencer une partie. À chaque fois qu'une équipe a placé un point dans le panier, écrire le mot énoncé et son contraire au tableau. Expliquer ou faire expliquer les difficultés éventuelles.
• Une équipe qui donne une mauvaise réponse a une pénalité d'un tour : elle pose son instrument sur la table et ne peut pas jouer pour le mot suivant.
• Après environ trente mots étudiés, l'équipe qui a le plus de points sur son fruit a gagné.

Proposition de mots antonymes

proche / loin
utile / inutile
visser / dévisser
toujours / jamais
fin / épais
léger / lourd
interdit / autorisé
lentement / rapidement
riche / pauvre
grand / petit

sauvage / domestiqué
inconnu / connu
passé / futur
avantage / inconvénient
coiffer / décoiffer
dessous / dessus
légal / illégal
offensif / inoffensif
habituel / inhabituel
tôt / tard

honnête / malhonnête
classer / déclasser
sec / mouillé
faire / défaire
avant / après
possible / impossible
visible / invisible
heureux / malheureux
prudent / imprudent
voyant / malvoyant
correct / incorrect

Les mots énoncés sont choisis en fonction du niveau de la classe et des activités effectuées en étude de la langue. Enrichir régulièrement ces listes.

Prolongement écrit

• Au tableau, effacer quelques mots dans la colonne de gauche ou la colonne de droite. Sur son cahier d'essai, chaque enfant doit essayer de retrouver les mots manquants.

• Conserver les listes de mots dans le classeur d'écriture pour constituer des référents.

• Attribuer à chaque élève un mot étudié pendant le jeu. Lui demander d'écrire une phrase sur son cahier d'essai avec un contraire de ce mot. Il faudra alors veiller à ce que les paires ne soient plus affichées au tableau.

Conseil

Si le mot contraire écrit au tableau comporte un préfixe, désigner un enfant qui viendra au tableau l'entourer. *Exemple :* heureux – malheureux. Préciser que beaucoup de mots contraires s'écrivent avec des préfixes.

Les enchères

CM1 / CM2

Compétence : Distinguer les différents sens d'un mot.

Organisation : Les élèves sont répartis en quatre équipes.

A.P.C. / soutien : Une équipe peut être remplacée par un joueur seul.

Matériel individuel : Le cahier d'essai.
Le classeur d'écriture.

Matériel collectif : Une liste de mots homonymes.
Quatre ardoises et quatre feutres.
Un chronomètre.
La grille des scores.
➤ Affichage pour les équipes

Durée : 45 minutes.

Remporter un maximum de points.

Un mot peut avoir plusieurs sens… si je les connais, je peux enchérir !

Préparation

• Dresser une liste de mots qui ont plusieurs sens. Le choix de ces mots se fait en fonction du niveau de la classe.

Proposition d'homonymes[1]

Addition : action d'ajouter / première des quatre opérations fondamentales de l'arithmétique / note de dépenses.

Ampoule : tube de verre contenant un médicament / partie de verre d'une lampe électrique / cloque de la peau.

Cuisinière : personne qui prépare les repas / appareil pour chauffer les aliments.

Croissant : aspect de la lune / viennoiserie / qui augmente.

Couronne : objet circulaire que l'on porte sur la tête / ensemble de fleurs / cercle métallique entourant certains objets / capsule protégeant la dent.

Figure : visage / enchaînement de pas dans une danse / dessin géométrique.

1. Pour traiter les différents sens d'un même mot, les homonymes choisis pour ce jeu sont à la fois homophones et homographes.

Glace : eau congelée / crème sucrée congelée / miroir / rester insensible.

Grue : oiseau échassier / appareil de levage.

Lettre : élément de l'alphabet / caractère d'imprimerie / courrier / ensemble de connaissances : *homme, femme de lettres.*

Mousse : écume qui se forme à la surface de certains liquides / crème fouettée parfumée, au chocolat par exemple / plante formant un tapis de courtes tiges feuillues.

Pièce : monnaie / spectacle sur scène / chambre / morceau.

Pile : amas de choses / côté d'une pièce / appareil fournissant de l'électricité / moment précis.

Plante : végétal / face intérieure du pied.

Signe : marque distinctive / geste de la main / donner des nouvelles / symbole d'une opération.

Tableau : surface verticale pour écrire / œuvre d'art peinte / quadrillage pour classer des éléments.

• Afficher la grille des scores au tableau (colonne de gauche : symbole des équipes; colonne de droite : scores obtenus); elle sera complétée tout au long de la partie.

Déroulement

• Répartir les élèves en quatre équipes : Fraises, Citrons, Oranges et Kiwis. Chaque groupe élit un « secrétaire » qui sera aussi porte-parole pour les synthèses collectives.

• Énoncer le but du jeu : « Pour gagner, une équipe doit trouver le plus de sens possible pour un même mot donné, dans un temps restreint. »

• Mener une première manche en écrivant le mot *verre* au tableau :

– Les équipes ont deux minutes pour trouver les différents sens de ce mot. Le « secrétaire » note sur l'ardoise toutes les idées. Les groupes ne peuvent pas communiquer entre eux.

– Au terme du temps imparti, les enfants ne peuvent plus écrire sur l'ardoise. Demander à chaque équipe le nombre de sens trouvé. Celle qui en a le plus prend la main et son porte-parole explique à l'ensemble de la classe les différents sens du mot.

> **Exemple :** *VERRE*
> *1. Matière transparente, cassante.*
> *2. Récipient pour boire.*
> *3. Lentilles pour corriger la vue.*
> *4. Plaque destinée à protéger un objet.*

• Si toutes les réponses sont correctes, l'équipe marque autant de points que de sens proposés. Si certaines réponses sont inexactes, l'équipe perd la main et c'est l'équipe suivante qui fait ses propositions.

• Avant d'accorder les points, vérifier que les réponses données oralement correspondent bien à ce qui a été écrit sur l'ardoise.

• Noter le résultat dans le tableau de score.

• Demander ensuite aux enfants de formuler oralement des phrases reprenant les différents sens du mot *verre*. La classe valide les propositions et corrige les erreurs.

• Répondre aux questions concernant la règle du jeu, puis commencer une nouvelle manche en écrivant un mot au tableau.

• Après dix mots proposés, l'équipe qui a le plus de points a gagné.

Prolongement écrit

• Chaque élève choisit un mot étudié et écrit dans son cahier d'essai autant de phrases que de sens différents de ce mot.

• Copier les différents sens de chaque mot dans le classeur d'écriture.

Conseils

• Si deux équipes ont trouvé le même nombre de sens, elles peuvent chacune faire leurs propositions et remporter les points.

• Une équipe qui perd peut voir son score diminuer : un point est retiré pour chaque mauvais sens proposé.

Variantes

• Pour une deuxième partie, proposer une série de verbes; par exemple :

Monter : construire / avancer / grimper / préparer.

Filer : se sauver / secréter du fil / laisser glisser un cordage / défaire une maille.

Jouer : se divertir / interpréter / miser de l'argent.

• Dans une troisième partie, les équipes se lancent des défis. Pendant une phase préparatoire, elles cherchent dans le dictionnaire des mots polysémiques. Le « secrétaire » note sur son ardoise les définitions. Valider auprès des équipes chacun des mots, ainsi que leurs différentes définitions, avant de commencer le jeu. Les enfants n'ont plus accès aux dictionnaires une fois la partie commencée.

Pour démarrer une partie, une équipe propose un mot. Chaque groupe marque autant de points que de sens trouvés. L'équipe qui lance le défi remporte un bonus de cinq points si aucune équipe n'a trouvé tous les sens du mot.

Au suivant !

Du CE2 au CM2

Compétences :	Connaître des familles de mots. Enrichir son vocabulaire.
Organisation :	Les élèves sont répartis en équipes de quatre.
A.P.C. / soutien :	Voir la rubrique « Variante ».
Matériel individuel :	Des feuilles format A3. Le classeur d'écriture.
Matériel collectif :	Un chronomètre. La grille des scores. ➤ Affichage pour les équipes
Durée :	60 minutes.

Marquer le plus de points.

Faire deviner le plus de mots possible d'une même famille.

Déroulement

• Constituer des équipes de quatre élèves. Chaque groupe s'attribue un nom.

• Afficher la grille des scores : dans la colonne de gauche figurent les symboles des équipes et dans celle de droite seront ajoutés les scores obtenus.

• Expliquer le principe du jeu : « Les équipes jouent une par une. Un enfant A doit faire deviner un mot à un enfant B; les joueurs C et D sont au fond de la classe pour ne pas entendre. Quand B a trouvé le mot, il doit en faire deviner un autre à C. Puis ce sera au tour de C d'en faire deviner un nouveau à D. »

Introduire la difficulté du jeu : « Tous les mots à deviner doivent faire partie de la même famille. » L'enseignant impose la famille de mots et les élèves doivent trouver un mot de cette famille à faire deviner.

Préciser que :

– une équipe a trois minutes pour faire deviner tous les mots;

– un joueur qui ne trouve pas la réponse peut passer (dans ce cas, faire entrer le joueur suivant);

– celui qui fait deviner un mot ne peut pas donner d'indices en mimant une action;
– un mot deviné vaut un point.

• Répondre aux questions éventuelles sur la règle du jeu.
• Mener une manche pour exemple :

> **Exemple :** *Sophie, Boualem, Arnaud et Leïla jouent. Sophie reste au tableau et les trois autres joueurs vont au fond de la classe. Annoncer à Sophie qu'elle doit faire deviner à Boualem un mot de la famille de « dent ».*
> *Boualem entre.*
> *Sophie : « C'est un médecin qui soigne les caries. »*
> *Boualem : « Le dentiste ? »*
> *La réponse étant correcte, Arnaud revient.*
> *Boualem : « Un dentiste peut te mettre un appareil… »*
> *Arnaud : « dentaire ? »*
> *Le dernier joueur peut revenir.*
> *Arnaud : « Sur ta brosse à dents, tu mets du… »*
> *Leïla : « Dentifrice ? »*
> *L'équipe a marqué 3 points.*

• Faire jouer chaque équipe, l'une après l'autre, avec différentes familles de mots. Veiller à ce que les mots énoncés soient choisis en fonction du niveau de la classe et des activités effectuées en étude de la langue.
• Après chaque passage, noter le résultat dans le tableau des scores.
• Écrire au tableau les réponses trouvées. Demander s'il existe, pour cette série, d'autres mots de la même famille.
• Le jeu est terminé quand chaque groupe a joué deux fois. L'équipe qui a le plus de points a gagné.

Prolongement écrit

• Recopier les listes de mots de la même famille dans le classeur d'écriture.
• Demander aux élèves de travailler par deux. Chaque binôme doit écrire sur une affiche format A3 une série de mots d'une même famille et, pour chacun, trouver une phrase d'exemple. Après correction et validation par la classe, les affiches sont fixées au mur.

Conseils

• La difficulté de ce jeu réside dans le fait qu'un enfant ne sait pas quelle stratégie son prédécesseur a adoptée pour faire deviner un mot. Le risque est de faire deviner deux fois le même mot; par exemple le mot *dentifrice*, alors que le mot *dentaire* n'a pas été proposé. Pour encourager les élèves et établir un système de points plus valorisant : attribuer deux points par mot de même famille trouvé, et seulement un point s'il a déjà été prononcé par un joueur auparavant.

• Pour permettre aux enfants de se familiariser avec le jeu, n'introduire le chronomètre que lorsque chaque équipe a joué une fois.

Variante

En A.P.C., stage de soutien ou version coopérative : ne constituer qu'une seule équipe qui totalise un certain nombre de points au fur et à mesure du jeu. Faire quatre parties d'une quinzaine de minutes à raison d'une par jour. Le but est de battre le propre record du groupe à chaque partie.

Agathe, Gabin et le sac magique

CP

Compétences : Connaître le nom des lettres.
Connaître la correspondance entre une lettre et un son dans une graphie simple.

Organisation : Jeux 1 et 2 : Les élèves sont à leur place.
Jeu 3 : Les élèves sont en binômes.

Matériel individuel : Le classeur d'écriture.

Matériel collectif : Les affiches Agathe et Gabin.
➤ Matériel spécifique aux jeux - jeu 16
Un panier avec le prénom de chaque élève sur une étiquette.
Des feutres.
Un sac en toile.
Cinq objets (une balle, une tasse en plastique, un chat en peluche, une carte à jouer, un album).

Durée : 30 minutes par jeu.

Colorier l'affiche d'Agathe ou de Gabin.

Qu'est-ce qui se cache dans le sac magique ? Que des objets avec… la lettre *a*.

Préparation

• Préparer des étiquettes avec le prénom de chaque élève et les déposer dans un panier.

• Pour le jeu 1, mettre dans le sac cinq objets ; par exemple : une balle, une tasse, un chat en peluche, une carte (à jouer) et un album.

Déroulement

• Les enfants restent à leur place et face à eux se trouvent deux affiches : l'une représente une petite fille qui s'appelle Agathe et l'autre un petit garçon qui s'appelle Gabin.

• Recueillir les observations des élèves sur les deux affiches et faire remarquer l'absence de couleurs.

• Expliquer que plusieurs petits jeux vont être organisés dans la classe et qu'à chaque victoire, un enfant de la classe pourra colorier un élément d'Agathe ou de Gabin. Le but est de passer ces deux affiches en couleur.

• Présenter le sac magique dans lequel se trouvent cinq objets. Pour éveiller la curiosité des enfants et susciter l'envie de jouer, faire passer le sac de main en main en précisant qu'il n'est pas possible de l'ouvrir pour le moment.

Jeu 1 : *Qu'est-ce qu'il y a dedans ?*

• Donner la consigne suivante : « Il faut essayer de deviner le nom d'un objet contenu dans ce sac, juste en le touchant et le palpant. Il n'est pas permis de regarder dedans. Chacun proposera une réponse. »

• Donner le sac à un enfant. Il fait une proposition puis passe le sac à son voisin. Noter chaque réponse au tableau, en liste.

• Quand le sac a fait le tour de la classe, lire (ou faire lire, suivant le niveau des élèves) la série de mots écrits.

• Convier un enfant à ouvrir le sac et à prendre un objet qu'il présente à tout le monde. Demander si cet objet figure dans la liste de mots rédigés au tableau.

• Inviter un enfant à montrer ce mot et faire valider sa réponse par le groupe.

– S'il a donné la bonne réponse, il pioche une étiquette dans le panier. L'enfant dont le prénom est tiré au sort peut colorier un élément d'Agathe ou Gabin. L'étiquette n'est pas remise dans le panier pour laisser une chance à chacun.

– S'il s'est trompé, il retourne à sa place et un autre élève propose une réponse.

• Procéder de la même manière pour les quatre autres objets.

Jeu 2 : *Qu'est-ce qui est pareil ?*

• Effacer les mots du tableau qui ne sont pas des objets du sac, afin d'obtenir la liste suivante :

Une balle

Une tasse

Un chat

Une carte

Un album

Lire ces mots à haute voix, en accentuant la lettre *a*.

• Demander aux enfants quel est le point commun entre tous ces mots. Préciser que si le groupe trouve la bonne réponse, une nouvelle partie d'Agathe ou Gabin pourra être coloriée.

• Recueillir les avis. Faire relire au besoin jusqu'à ce que la présence de la lettre *a* dans tous les mots soit constatée.

• Inviter un élève à entourer la lettre *a* dans chaque mot.

• Tirer au sort une étiquette dans le panier : un enfant est élu pour colorier une partie d'un personnage.

• En prolongement, demander à chaque enfant de dire un mot avec la lettre *a*, en rappelant l'enjeu de l'épreuve : « Si chacun parvient à donner un mot avec la lettre *a*, un élève pourra colorier Agathe ou Gabin ».

• Écrire chaque proposition de mot au tableau. Ils peuvent citer un prénom de la classe ou se référer à leur vocabulaire quotidien.

• Faire relire la liste et demander à plusieurs élèves de venir entourer les lettres *a* (un élève traite environ cinq mots).

• Si tous les élèves ont bien donné un mot contenant la lettre étudiée, un élève est tiré au sort pour colorier une partie d'Agathe ou de Gabin.

Jeu 3 : *Trouver les* a *!*

• Expliquer le principe du jeu : deux par deux, les élèves doivent trouver, dans la classe, un objet dont le nom comprend la lettre *a*. Si la classe réussit à réunir au moins dix objets, un élève pourra colorier un élément d'Agathe ou de Gabin.

• Laisser un temps de réflexion nécessaire, puis demander à un binôme de proposer une réponse. Si rien n'est dangereux ou insécuritaire dans ce qu'il propose, le laisser aller prendre l'objet. Écrire le mot correspondant au tableau, même s'il ne contient pas la lettre *a*.

• Procéder de même pour les autres binômes.

• Relire la liste et désigner plusieurs élèves pour entourer les lettres *a* dans les mots écrits au tableau. Si des binômes ont fait une erreur, faire remarquer aux enfants que certains mots ne comprennent par la lettre *a*. Demander aux couples d'enfants qui ont apporté les objets concernés d'expliquer leur choix. Donner les explications nécessaires pour rectifier les erreurs.

• Dans le panier, tirer au sort le nom d'un enfant : c'est lui qui colorie une partie d'un personnage, en accord avec la classe.

• Conclure la séquence en rangeant le sac magique et en proposant aux enfants de l'ouvrir prochainement, pour chercher une nouvelle lettre.

Prolongement écrit

• Pour une évaluation individuelle, donner à chaque enfant une liste de mots où il doit entourer la lettre *a*.

• En fonction du niveau des élèves, recopier les mots du jeu dans le classeur d'écriture, afin de constituer un petit réservoir de mots avec la graphie *a*.

• Saisir ou aider les élèves à saisir sur traitement de texte la liste de mots établie lors du jeu 3, puis l'imprimer et l'agrandir en format A3, afin de constituer une référence commune pour la classe.

Conseil

Même si un élève est désigné par tirage au sort pour colorier un élément d'Agathe ou de Gabin, il revient à la classe de décider quelle couleur utiliser et quel personnage colorier.

Variantes

• Un objet intrus peut se trouver dans le sac, par exemple une voiture en plastique. Dans le *jeu 2*, les enfants devront trouver quel mot n'a pas un son commun avec les autres.

• En fonction du niveau des élèves, deux équipes peuvent jouer en confrontation. L'une colorie *Gabin* et l'autre colorie *Agathe*.

Le grand marché

CP / CE1

Compétence :	Distinguer des phonèmes similaires.
Organisation :	Les élèves sont répartis en deux équipes.
A.P.C. / soutien :	Chaque élève est assis à sa place.
Matériel individuel :	Le classeur d'écriture.
Matériel collectif :	Vingt jetons. Dix assiettes en carton. Douze objets (voir liste proposée p. 74).
Durée :	30 minutes.

Réunir les bons objets.

Pour gagner, il faut acheter… mais pas n'importe quoi !

Préparation

Établir deux listes (de six mots) : une avec le nom d'objets contenant le son [b], une autre avec ceux contenant le son [p].

Déroulement

• Les enfants sont répartis en deux équipes qui portent le nom de sons similaires, par exemple les [b] et les [p]. Laisser un espace important entre les deux groupes pour que les enfants puissent communiquer sans se faire entendre de l'autre équipe.

• Écrire au tableau le nom de chaque équipe en écritures scripte et cursive.

• Remettre à chaque groupe dix jetons et cinq assiettes en carton.

• Énoncer la règle du jeu : « Douze objets sont présentés tour à tour. Si le nom d'un objet fait entendre le son [b], c'est à l'équipe correspondante de l'acheter en échange d'un ou plusieurs jetons. Il en va de même pour l'autre groupe avec des objets comprenant le son [p]. Chaque équipe ne peut acquérir plus de cinq objets; tout objet acheté sera posé sur une assiette. L'équipe gagnante est celle qui a effectué les bons achats. »

• Préciser que chaque groupe ne possédant que dix jetons, il faut prendre garde à ne pas acheter des objets par erreur.

• Faire reformuler la règle et préciser que l'achat doit se faire dans le silence; les joueurs doivent communiquer entre eux en chuchotant.
• Proposer le premier objet sans en prononcer le nom.

Exemple : *un bateau.*

• Laisser un temps de concertation nécessaire : les enfants doivent pouvoir confronter leurs avis.
• L'équipe qui souhaite acheter l'objet se manifeste en levant les mains.
- Si une seule équipe le demande, lui échanger contre un jeton.
- Si les deux équipes le désirent, procéder à un système d'enchères : c'est le groupe qui fait la mise supérieure qui remporte l'objet.
• Ne pas donner la bonne réponse immédiatement. Les solutions seront données à la fin du jeu.
• Procéder de la même manière avec les 11 autres objets. Si le niveau de la classe le permet, à partir du deuxième objet mis en vente, deux éléments intrus peuvent être proposés : ils ne contiennent ni le son [b], ni le son [p] et ne doivent pas être achetés.
• Quand tous les objets ont été vendus, donner à chaque équipe une liste avec le nom des objets qu'il fallait acquérir. Les élèves cochent dans leur liste les objets achetés.
Pendant ce temps, écrire les trois listes au tableau.

Exemple :

[b]	[p]	Les objets intrus
un bateau des bottes une boule un balai une bouée	du pain un poireau une pomme un pantalon une planche	une photographie un disque

• Lire ou faire lire les mots à haute voix.
• Demander à un joueur par équipe de venir au tableau entourer le son [b] ou [p] dans sa liste, et de cocher les objets remportés. L'équipe qui a le plus de croix dans sa liste a gagné.

Prolongement écrit

• Diviser une feuille en deux colonnes : [b] et [p]. Proposer une collection de dessins d'objets avec le son [b] ou le son [p]. Les enfants doivent les découper et les coller dans la bonne colonne. Ces documents sont conservés dans le classeur d'écriture.

• Demander à un groupe d'enfants de rapporter (avec l'accord de leurs parents) un objet avec le son [b] ou le son [p]. Lors d'un travail en atelier, ce groupe écrit les deux listes à partir des objets rapportés de la maison. Ces enfants animeront le jeu lors de la prochaine partie.

Conseil

Il n'est pas possible pour une équipe de revendre un objet acheté. Toutefois les équipes peuvent procéder à des échanges d'objets à la fin de la partie.

Variante

Ce jeu peut s'effectuer avec d'autres oppositions phonologiques :

[k] / [g]	[j] / [ch]	[d] / [t]
une cravate	du jambon	un cadeau
une clé	une girafe	un domino
du café	une orange	un disque
un cadeau	du fromage	un doigt
une craie	un journal	un dé
un gâteau	un chat	une tortue
une agrafeuse	des chaussures	un taille-crayon
une guitare	une chaîne	un téléphone
une règle	un chou	une tulipe
une gomme	du chocolat	une bouteille

Quand l'ours dort

Du CP au CE2

Compétences : Identifier la graphie d'un son.
Accroître l'habileté et la fluidité du déchiffrage.

Organisation : Chaque élève est assis à sa place.

Matériel individuel : Le classeur d'écriture.
Le cahier d'essai.

Matériel collectif : Pistes audio : l'ours dort (30 sec., 60 sec., 90 sec.).
Matériel spécifique aux jeux - jeu 18

Durée : 30 minutes.

Lire rapidement une liste de mots.

L'ours ronfle, tout va bien, tu peux lire tranquillement. S'il bâille, il faut se dépêcher et s'il grogne… c'est presque trop tard !

Déroulement

• Demander aux enfants de trouver un ou plusieurs mots comprenant le son étudié pendant la semaine.

Exemple : *Donnez-moi des mots avec le son [o].*

• Écrire les mots au tableau sous forme d'une liste.

Exemple :

Chapeau	*Bateau*	*Photographe*
Cochon	*Maillot*	*Robot*
Chocolat	*Chaussure*	*Manteau*
Haricot	*Oreille*	*Coquelicot*

• Demander à deux ou trois élèves d'entourer les lettres qui font [o] dans les mots. Vérifier la bonne compréhension de l'ensemble de la liste.

• Expliquer le principe du jeu : « Un élève doit lire cette liste à haute voix en moins d'une minute. Tant qu'on entend la musique, tout va bien ! Après une quarantaine de secondes, l'ours commence à grogner : c'est signe qu'il va se réveiller. Si l'élève arrive au dernier mot de la liste avant son énorme grognement final, il a gagné ».

• Passer la piste audio « l'ours dort, 90 sec. » pendant que l'élève lit la liste de mots. L'aider au besoin et permettre aux autres enfants de lui apporter leur soutien, sans interrompre le chronomètre.

– S'il parvient à la fin de la liste, interrompre la lecture et noter au tableau le temps effectué.

– Si l'ours se réveille avant qu'il ne parvienne à la fin de la liste, son score noté au tableau est de 90 secondes.

• Procéder ensuite avec l'ensemble des élèves à une analyse des mots qui ont posé difficulté. Apporter les remédiations nécessaires.

• Demander à un deuxième enfant de jouer.

• Quand tous les élèves ont joué, additionner l'ensemble des chronomètres enregistrés. La classe a gagné si elle a fait un meilleur score que celui de la partie précédente.

Prolongement écrit

• Demander à chaque enfant de classer les mots dans le cahier d'essai en fonction des différentes graphies du son.

• Recopier les mots dans le classeur d'écriture afin de constituer une liste de mots référents.

Conseils

• Ce jeu est un jeu coopératif : il est donc important de laisser les enfants s'aider.

• Le temps de sommeil du monstre peut être variable en fonction du niveau des élèves. Le CD-Rom propose trois versions du chronomètre : 30, 60 ou 90 secondes. Un élève peut choisir la durée du son avant de commencer la lecture.

• S'il n'est pas possible d'utiliser les sons du CD-Rom, un simple chronomètre pourra être utilisé.

Variante

Écrire les mots en trois colonnes distinctes. Quand un enfant commet une erreur lors de la lecture d'un mot, il doit recommencer au début de la colonne en cours.

La tour du monde

Du CE1 au CM2

Compétences : Rédiger un texte et le communiquer à la classe.
Comprendre un texte bref.

Organisation : Les élèves sont répartis en quatre équipes.

A.P.C. / soutien : Une équipe peut être remplacée par un joueur seul.

Matériel individuel : Un dictionnaire.
Un atlas géographique.
Le classeur d'écriture.
Le cahier d'essai.

Matériel collectif : Les affiches avec le nom des quatre équipes.
➤ Affichage pour les équipes
Quatre exemplaires de la tour du monde au format A3.
➤ Matériel spécifique aux jeux - jeu 19
Quatre aimants.
Trois affiches au format A3.
Des fiches bristol (format ¼ de page).

Durée : Phase 1 : 60 minutes.
Phase 2 : 45 minutes.

NB : Les phases ne sont pas consécutives.

Avancer son pion en haut de la tour.

Bien répondre aux énigmes permet d'atteindre le sommet de la tour du monde, mais attention aux indices !

Préparation

• Coller au tableau les quatre affiches représentant la tour de douze étages. Sous chaque tour, coller l'affiche d'une équipe.

• Placer un aimant sur le rez-de-chaussée de chaque tour.

Déroulement

• Ce jeu se déroule en deux phases : une première où les enfants écrivent les énigmes et une deuxième avec le jeu proprement dit.

• Expliquer le principe du jeu en présentant les quatre tours : chaque tour est composée de douze étages. Le pion de l'équipe est représenté par l'aimant situé au rez-de-chaussée. Le but du jeu est d'atteindre le sommet de la tour (le douzième étage) en premier. Pour monter, une équipe doit répondre correctement à l'énigme posée par une autre équipe. Chaque énigme est composée de trois indices. Un groupe a la possibilité d'en demander un, deux ou trois, mais plus il en demande et moins son pion avancera.

Le tableau suivant, qui peut aussi être affiché au tableau, résume les possibilités.

	L'équipe trouve la bonne réponse.	L'équipe ne trouve pas la bonne réponse.
1 indice demandé	↑ 3 étages	↓ 1 étage
2 indices demandés	↑ 2 étages	↓ 2 étages
3 indices demandés	↑ 1 étage	↓ 3 étages

• Expliquer que ce sont les enfants eux-mêmes qui vont écrire les phrases indices lors de la première phase du jeu.

Phase 1 : *écriture des énigmes*

NB : Il est préférable de mener cette séquence lors d'un atelier de production d'écrits en petit groupe, équipe par équipe. Il est bien sûr primordial que les différentes équipes ne communiquent pas entre elles.

• Écrire sur une affiche les quatre mots suivants : *Pays – Métier – Monument – Animal.*

• Par équipe, les élèves recherchent des noms de pays, de métiers, de monuments ou d'animaux. Écrire les propositions, au fur et à mesure, sur l'affiche, dans des colonnes distinctes, à l'abri du regard des autres équipes.

• Annoncer aux élèves que chacun doit écrire sur son cahier d'essai une énigme de trois phrases correspondant à un des mots de l'affiche.

• Veiller à ce que deux élèves ne choisissent pas le même mot.

• Pour les aider dans leur travail d'écriture, les élèves ont à leur disposition un dictionnaire, un atlas géographique ou une connexion Internet.

> **Exemple :** *La tour Eiffel*
> *Je suis à Paris.*
> *Je suis le premier monument payant visité au monde.*
> *Je mesure 324 mètres.*

• Selon le niveau des élèves, le travail d'écriture est mené en dictée à l'adulte, en recherche par deux, ou individuellement pour les plus performants.

• Chaque énigme est vérifiée, corrigée et recopiée sur une petite fiche de bristol.

• Faire écrire en haut de chacune le prénom de l'enfant et le nom de son équipe. Réunir les fiches pour pouvoir les exploiter pendant le jeu.

Phase 2 : *le jeu*

• Afficher le dispositif de jeu au tableau (voir « Préparation »).

• Procéder à un rappel de la séquence précédente, ainsi que de la règle du jeu.

• Distribuer à chaque équipe ses fiches énigmes. Chaque joueur se munit de la sienne et a quelques minutes pour la relire silencieusement.

• Chaque équipe désigne un capitaine qui est chargé de consulter ses joueurs et de donner la réponse validée par tous.

• Inviter l'équipe Citrons à commencer. C'est l'équipe Fraises qui lui pose une énigme.

> **Exemple :** *Après concertation, les Citrons ne souhaitent entendre que deux indices.*
> *1. Je suis à Paris.*
> *2. Je suis le premier monument payant visité au monde.*
> *Après réflexion de toute l'équipe, le capitaine annonce la bonne réponse : La tour Eiffel.*
> *Le pion de l'équipe Citrons monte de deux étages sur la tour du monde.*

• Afin de travailler sur l'écrit et de valoriser les recherches des élèves, écrire « *La tour Eiffel* » et les indices donnés sur une affiche (celle-ci sera utilisée lors d'un prolongement écrit).

• Après chaque énigme, demander à son rédacteur s'il a des informations complémentaires à apporter : « Que sais-tu d'autre ? Qu'as-tu appris en rédigeant cette énigme ? »

• Demander également à l'ensemble de la classe des remarques éventuelles, afin que les enfants s'apportent entre eux des éléments de connaissance.

• Donner ensuite la parole à l'équipe Kiwis, qui devra répondre à une énigme de l'équipe Oranges.

• Procéder ainsi jusqu'à ce qu'une équipe atteigne le dernier étage de la tour – elle remporte alors la partie.

Prolongement écrit

• Faire relire les réponses écrites sur l'affiche. Inviter chaque enfant à en choisir une et à écrire dans son cahier d'essai deux phrases indices supplémentaires.

• Faire rédiger, dans le cahier d'essai, de nouvelles énigmes qui seront utilisées dans une prochaine partie.

• Faire saisir les énigmes sur traitement de texte. Les imprimer et les coller dans le classeur d'écriture.

Conseils

• Pour que tout le monde joue régulièrement, l'équipe Fraises pose toujours ses énigmes à l'équipe Citrons (et inversement). L'équipe Kiwis joue toujours avec l'équipe Oranges.

• Avant de lire une énigme, une équipe peut annoncer à quel thème elle se rapporte : *pays, métier, monument* ou *animal*. Ou une équipe peut avoir le droit de choisir le thème de l'énigme.

• Si toutes les énigmes n'ont pas été lues pendant le jeu, les conserver pour une partie ultérieure.

• Ce jeu peut constituer un fil rouge tout au long de l'année. Les élèves écrivent des énigmes de manière autonome et l'enseignant les corrige individuellement.

• Pour éveiller la curiosité des enfants et leur donner des idées de mots à faire deviner, mettre à leur disposition, dans la bibliothèque de la classe, des atlas géographiques, des guides touristiques et des dépliants disponibles en agences de voyages.

• Les énigmes portant toutes sur des pays, des monuments ou des animaux, expliquer en quoi le titre « *La tour du monde* » est un jeu de mots.

Qui est-ce ?

Du CE1 au CM2

Compétences :	Repérer les différentes façons de désigner un personnage dans une histoire. Trouver à quel terme du texte renvoient les substituts nominaux ou pronominaux.
Organisation :	Les élèves sont répartis en trois à cinq équipes.
A.P.C. / soutien :	Une équipe peut être remplacée par un joueur seul.
Matériel individuel :	Le texte du conte choisi. Des feutres. Le classeur d'écriture.
Matériel collectif :	Un conte. Des haricots secs. Trois séries d'étiquettes personnages. Un panier.
Durée :	45 minutes par phase.

Remporter le plus de haricots.

Quel personnage se cache derrière le mot ? Celui qui le sait gagne un haricot !

Préparation

• Choisir un conte court ou un extrait de conte.

Exemple : *le conte* Blanche-Neige *des frères Grimm.*

• Retenir trois à cinq personnages de l'histoire (de préférence les principaux) afin de constituer trois à cinq équipes dans la classe.

Exemple : *Blanche-Neige, La Reine et les sept nains.*

• Préparer une série d'étiquettes par personnage. Prévoir autant d'étiquettes que de joueurs.

Exemple : *Une série Blanche-Neige pour un tiers de la classe, une série La Reine pour un autre tiers et une série Les sept nains pour le dernier tiers.*

Placer ces étiquettes dans un panier.

Déroulement

Phase 1 : *découverte de l'histoire et analyse des personnages*

• Distribuer à chaque élève le texte narratif choisi.

• Suivant le niveau de la classe, inviter les élèves à lire le texte silencieusement ou procéder à une lecture à haute voix.

• Après la lecture, organiser un échange pour vérifier la bonne compréhension de l'histoire : « Où cette histoire se déroule-t-elle ? Que se passe-t-il ? Qu'avez-vous compris ? »

• Quand les élèves se sont bien approprié le texte, leur demander de lister oralement tous les personnages de l'histoire.

• Annoncer que seuls les personnages principaux sont retenus pour ce jeu. Écrire leur nom au tableau et tracer une forme de couleur différente sous chaque personnage.

Exemple :

Blanche-Neige	La Reine	Les sept nains
○	○	○

• Constituer autant d'équipes que de personnages étudiés (3 à 5). Pour cela, chaque élève pioche dans le panier une étiquette où figure le nom d'un des trois personnages symbolisés par une couleur au tableau.

• De retour à sa place, il doit surligner de cette même couleur dans le texte les substituts anaphoriques désignant ce personnage (les anaphores sont des pronoms, synonymes et termes génériques représentant un mot ou un groupe de mots).

• Après cinq minutes de travail individuel, les enfants traitant le même personnage se rassemblent en binômes pour comparer leurs résultats. Ils peuvent modifier leurs réponses au besoin.

• Après cinq minutes environ, inviter deux binômes travaillant sur le même personnage à se rassembler et à se présenter leur production. Procéder ainsi jusqu'à ce que chaque personnage de l'histoire soit représenté par un seul groupe d'enfants.

Phase 2 : *le jeu*

• Les enfants sont répartis en équipes.

Exemple : *Blanche-Neige, la Reine, les sept nains.*

• Tracer trois colonnes au tableau avec dans chacune le nom du personnage.

• Expliquer le principe du jeu : « Lors de la lecture du conte, chaque fois que vous entendrez un mot ou un groupe de mots représentant le personnage de votre équipe, vous direz « stop ! » Si la réponse est correcte, vous gagnez un haricot, mais si ce n'est pas le cas, vous en perdez un. »

• Chaque équipe bénéficie de trois haricots pour débuter la partie. Les distribuer.

• Laisser le temps nécessaire aux enfants pour se réapproprier le texte, qu'ils pourront garder sous les yeux pendant le jeu.

• Commencer lentement la lecture du conte à haute voix et en articulant bien.

Exemple : *« Cela se passait en plein hiver et les flocons de neige tombaient du ciel comme un duvet léger. Une reine était assise à sa fenêtre encadrée de bois d'ébène et cousait. Tout en tirant l'aiguille,* ***elle*** *(…) »*
L'équipe de la Reine demande la main car le pronom personnel « elle » désigne ce personnage. L'équipe gagne un haricot.

• Écrire au tableau dans la colonne du personnage le pronom « elle ». Répondre aux questions éventuelles puis reprendre lentement la lecture du conte.

• Si deux équipes demandent la main en même temps, faire trouver et valider la bonne réponse par les autres groupes.

• À la lecture d'une anaphore, si une équipe oublie de demander la main, interrompre la lecture et lui enlever un haricot. Faire trouver à l'ensemble de la classe en quoi le mot ou groupe de mots oublié représente un personnage, puis l'écrire dans la colonne correspondante.

Exemple :

Blanche-Neige	**La Reine**	**Les sept nains** (ou un des nains)
Elle Une fille L'enfant La Je Pauvre enfant La pauvre petite	Elle Je Chère madame Cette honnête femme La vieille La vieille marchande Cette mécréante	Ils Les propriétaires de la maisonnette Nous Le premier Le deuxième Le troisième Le quatrième Le cinquième Le sixième Le septième

• Quand la lecture du texte est terminée, c'est l'équipe qui a le plus de haricots qui a gagné.

Prolongement écrit

Redonner un texte vierge à chaque enfant afin qu'il retrouve et surligne les anaphores des différents personnages. Coller ce document dans le classeur d'écriture.

Conseil

Un personnage peut compter plus d'anaphores que les autres dans un texte. Si c'est le cas, les groupes adverses pourront avoir en charge deux personnages au lieu d'un.

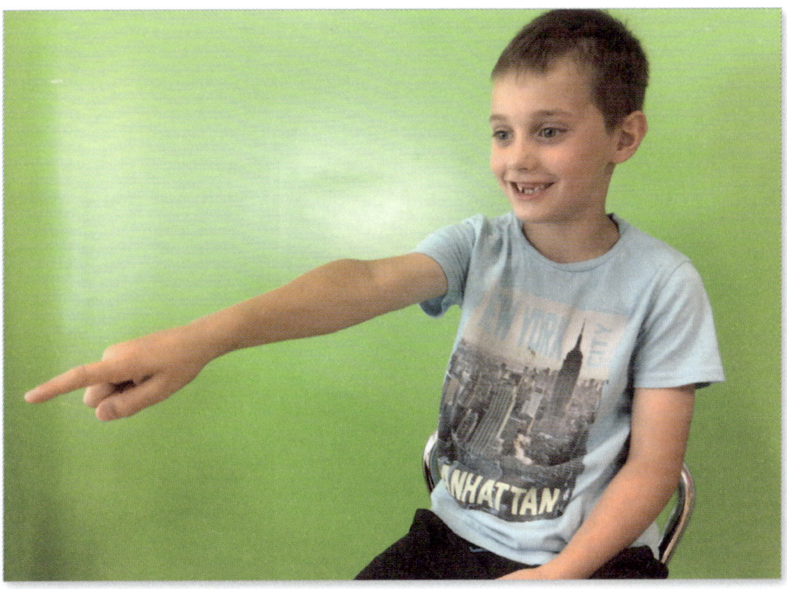

De la terre jusqu'au ciel

Du CE1 au CM2

Compétences : Lire en autonomie.
Comprendre un énoncé.
Décoder l'implicite d'un texte.

Organisation : Les élèves sont assis à leur place.

Matériel individuel : Une ardoise et un feutre.
Le classeur d'écriture.

Matériel collectif : Les affiches des marelles.
➤ Matériel spécifique aux jeux - jeu 21
Un aimant.
Une affiche par énigme posée.
Un tableau de scores.
Des étiquettes avec le nom des élèves.
Un panier.
Un tabouret haut.

Durée : 15 minutes quotidiennes (une énigme par jour).

Remporter un maximum de points en répondant correctement aux énigmes posées.

Toute la classe répond à des questions… mais un seul élève peut gagner des points.

Préparation

- Faire des étiquettes avec le prénom des élèves. Les mettre dans un panier.
- Préparer des énigmes en fonction du niveau de la classe (voir propositions p. 88). Écrire chaque énigme sur une affiche.
- Tracer au tableau une grille de scores : lister les élèves de la classe et à côté de chaque prénom figure une case vierge où sera inscrit le score de chacun.
- Placer un tabouret haut devant le tableau.
- Afficher la marelle correspondant au niveau de la classe : pour des CE1/CE2 : marelle « de la terre jusqu'au ciel » numérotée de 1 à 5 ; pour des CM1/CM2 : marelle « de la terre jusqu'à l'espace » numérotée de 1 à 8.

Déroulement

- Chaque élève est à sa place, avec en main son ardoise et son feutre.
- Présenter la marelle. Elle est composée de 7 ou 10 cases : une case « Terre » correspondant au point de départ ; 5 ou 8 cases numérotées ; une case « Ciel » ou « Espace » pour l'arrivée. À chaque case correspond une énigme.
- Piocher dans le panier le prénom du premier élève qui prend place sur le tabouret, face à la classe. Il devient « l'as ».
- Énoncer le principe du jeu : « L'as doit répondre à une énigme. Les autres élèves de la classe y répondent également sur leur ardoise. Chaque enfant ayant trouvé la bonne réponse permet à l'as de remporter 10 points et d'avancer sur la case suivante, à condition que l'as ait aussi trouvé la bonne réponse. »
- Donner une première énigme pour exemple afin de permettre à toute la classe de comprendre la règle. Afficher cette énigme au tableau et poser l'aimant qui représente la progression de l'as dans la marelle sur la case « Terre ».
- Demander à un enfant de lire l'énigme à haute voix.
- Laisser un temps pour la lecture individuelle et la réflexion. Apporter des éclaircissements, si nécessaire.
- Tous les élèves répondent à cette énigme sur leur ardoise.
- Quand ils ont terminé, les élèves posent leur ardoise et leur feutre.
- Sans donner le résultat, inviter un élève à relire l'énigme, puis recueillir oralement les différentes solutions. Les lister au tableau et procéder à une analyse de chacune : « Quels indices vous ont permis de trouver cette réponse ? Quels mots du texte vous y ont fait penser ? Comment arrivez-vous à cette conclusion ? » Demander à certains élèves d'aller entourer dans le texte les mots qui leur semblent importants.

• Annoncer la bonne réponse et l'écrire au tableau. Comparer avec l'ensemble des solutions listées. Faire trouver pourquoi les solutions notées au tableau ne sont pas correctes.
• Demander aux élèves de lever leur ardoise.
• Compter le nombre de bonnes réponses ; chacune vaut 10 points.

Exemple : *18 enfants ont noté la bonne réponse sur leur ardoise. L'as peut gagner 180 points.*

• Demander à l'as de présenter sa réponse.
– S'il donne la bonne réponse, il gagne les points cumulés par la classe et deux possibilités s'offrent à lui. Soit il décide d'inscrire les points remportés dans la grille de scores et de retourner à sa place ; alors un autre élève jouera le rôle de l'as pour l'énigme du lendemain. Soit il continue le jeu pour répondre à une nouvelle énigme le lendemain ; mais s'il échoue, il perdra tous les points cumulés depuis qu'il est l'as.
– S'il ne donne pas la bonne réponse, piocher le nom d'un enfant dans le panier : c'est lui qui remporte les points. Il les écrit dans le tableau de scores en face de son prénom. Alors, l'as retourne à sa place ; le lendemain, un autre élève, dont le prénom est pioché dans le panier, devient l'as à son tour.
• Quand un nouvel enfant devient « l'as », il redémarre à la case « terre » et non pas à la case où était son prédécesseur avant d'échouer.
• Quand tous les enfants ont joué le rôle de l'as, l'élève qui a collecté le plus de points a gagné.

Proposition d'énigmes

Niveaux CE1/CE2

• *Où est Maxime ?*
– Même si sa maman lui a demandé de n'acheter qu'une baguette de pain, Maxime aurait bien demandé également un croissant à la vendeuse. Ça sent tellement bon dans ce magasin ! *Où est Maxime ?*
– Ce bouquet qu'il vient d'acheter est magnifique. Maxime reprend sa monnaie et dit au revoir à la vendeuse. Ce sera une belle fête des mères. *Où est Maxime ?*
– Heureusement que l'ascenseur fonctionne. Maxime n'aurait pas aimé monter tous ces étages à pied. Elle fait quand même 324 mètres de haut et il fait chaud à Paris aujourd'hui ! *Où est Maxime ?*
– Un bateau, un avion, une voiture... Maxime avait le choix... mais ce qui lui importe c'est d'attraper le pompon. *Où est Maxime ?*
– Maxime savait qu'il ne fallait pas monter mais c'était plus fort que lui. Maintenant qu'il est arrivé à la cime, il va falloir redescendre. *Où est Maxime ?*

• *Qui est Maxime ?*

– N'écoutant que son courage, et oubliant les cris des passants, Maxime sort la lance à incendie et pénètre dans l'immeuble en flamme. *Qui est Maxime ?*

– Maxime pose son rouleau et son seau de peinture. Il est temps de faire une pause. Mais pas très longtemps car il y encore la deuxième couche à mettre, et ses clients vont bientôt rentrer. *Qui est Maxime ?*

– Maxime pose la craie et va s'asseoir à son bureau pour corriger les cahiers. *Qui est Maxime ?*

– Assez attendu, Maxime remonte le filet où sont coincés les poissons. Il faut bientôt retourner au port. *Qui est Maxime ?*

– Maxime sait qu'il ne peut pas s'engager dans cette voie. Son véhicule est trop long. Il va devoir faire un détour. Il espère que les élèves ne seront pas en retard au collège. *Qui est Maxime ?*

Niveaux CM1/CM2

• *Où est Maxime ?*

– À cause du bruit des pales, Maxime n'entend pas ce que lui dit le pilote. Mais ce n'est pas grave, il se contente de profiter du paysage. Jamais il n'avait vu sa maison aussi petite. On dirait une maison de poupée. *Où est Maxime ?*

– De la salle d'attente, Maxime entend le bruit de la fraise. *Où est Maxime ?*

– Dans la salle d'attente, Maxime entend son petit chien aboyer. Le médecin devrait bientôt avoir terminé de le soigner. *Où est Maxime ?*

– Maxime monte dans la rame, mais pas pour longtemps. Il descend à la prochaine station. *Où est Maxime ?*

– En sortant de la cabine d'essayage, la vendeuse dit à Maxime qu'il faudrait essayer un pantalon plus grand. *Où est Maxime ?*

– Piste bleue ou piste rouge ? Maxime hésite, même s'il a déjà deux flocons. Mais il fait froid, la neige commence à tomber et il faut choisir. *Où est Maxime ?*

– Il faut se dépêcher de choisir sur la carte, le serveur va bientôt arriver pour prendre la commande. *Où est Maxime ?*

• *Qui est Maxime ?*

– C'est seulement sur ordonnance que Maxime peut délivrer certains produits. *Qui est Maxime ?*

– Sa tournée commence très tôt le matin. Il faut plusieurs heures à Maxime pour délivrer les lettres et colis. *Qui est Maxime ?*

– Avant d'en poser de nouvelles, Maxime doit d'abord enlever toutes les anciennes tuiles. *Qui est Maxime ?*

– Avec sa tronçonneuse, Maxime coupera quelques bûches et repartira de la forêt. *Qui est Maxime ?*

Prolongement écrit

• Faire rédiger une énigme qui sera posée lors d'une partie ultérieure. Lorsque celle-ci est posée, l'enfant qui en est le rédacteur ne peut pas jouer. Il lui revient d'expliquer sa solution et de présenter les indices qui permettent d'y aboutir.

• Recopier les énigmes produites et leur solution dans le classeur d'écriture.

Conseils

• Les bonnes réponses des élèves de la classe valent 20 points dans la case 2, 30 points dans la case 3, etc.

• Il est préférable de jouer une énigme par jour. Ce jeu constitue un fil rouge très motivant pour les élèves. Ainsi, pour éviter de placer les documents au tableau chaque matin, la marelle et le tableau des scores peuvent être affichés dans un coin spécifique de la classe.

• Un enfant ne peut pas jouer deux fois le rôle de l'as.

Maths

Le trésor est dans la trousse

CE1/CE2

Compétences :	Connaître les désignations orales et écrites des nombres jusqu'à 1000. Ordonner et comparer des nombres entiers. Connaître la décomposition d'un nombre : unité, dizaine, centaine.
Organisation :	Les élèves sont assis à leur place.
A.P.C. / soutien :	Une équipe peut être remplacée par un joueur seul.
Matériel individuel :	Un compteur numérique. ➤ Matériel spécifique aux jeux - jeu 22 Une trousse. Le cahier d'essai. Trois attaches parisiennes. Une pochette de feutres.
Matériel collectif :	Les étiquettes du jeu. ➤ Matériel spécifique aux jeux - jeu 22 Un tableau de scores. Un crayon à papier. Un panier contenant les étiquettes avec le prénom de chaque élève. De la pâte adhésive. Un tabouret haut.
Durée :	10 minutes par jour ou une séance de 30 minutes.

Accumuler le plus de points.

Où sont cachés les points ? Dans les trousses de la classe… mais gare aux coups de marteau !

Préparation

• Construire un compteur numérique pour chaque élève grâce au document disponible dans le CD-Rom.

Faire découper les trois cercles et le cache. Faire placer les trois disques derrière le cache, puis les assembler à l'aide des attaches parisiennes. Les chiffres doivent apparaître derrière chacune des encoches. Faire colorier la flèche des unités en vert, la flèche des dizaines en rouge et la flèche des centaines en jaune. Faire écrire le prénom de l'enfant sur chaque compteur.

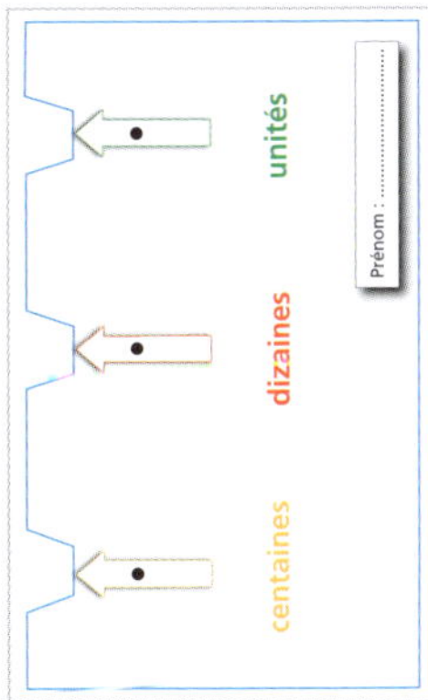

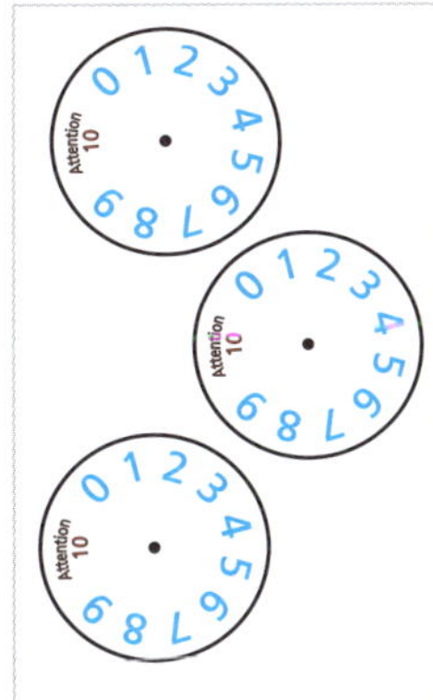

• Découper les étiquettes du jeu disponibles sur le CD-Rom et, si possible, les plastifier. Les réunir, mais garder une étiquette *unité*, une *dizaine* et une *centaine* pour les montrer aux élèves.

• Préparer des étiquettes avec le prénom de chaque élève et les mettre dans un panier.

• Placer le tabouret haut devant le tableau.

• Tracer au tableau une grille de scores : devant le nom de chaque élève figure une case où sera inscrit le nombre de points remportés.

Remarque : cette grille est complétée au crayon à papier car les scores sont susceptibles d'évoluer.

Déroulement

• Distribuer à chaque élève un compteur numérique et rappeler que, lorsqu'un disque passe de 9 à 0, le disque à sa gauche doit augmenter d'une unité. S'entraîner à la représentation de quelques chiffres.

• Présenter les étiquettes du jeu : *unité*, *dizaine*, *centaine* et *marteau*.

• Expliquer le principe du jeu : « Dans chaque trousse, sera déposée une de ces étiquettes. Un élève est invité sur le tabouret haut et devient le "chasseur de trésor". Il demande à ouvrir les trousses une par une – il a la possibilité d'ouvrir autant de trousses qu'il souhaite. Chaque étiquette trouvée lui rapporte des points :

étiquette *unité* = 1 point

étiquette *dizaine* = 10 points
étiquette *centaine* = 100 points
Mais s'il trouve une étiquette *marteau*, il perd tous les points qu'il a gagnés.
Le but du jeu est d'accumuler un maximum de points. »

• Faire reformuler la règle et préciser que, chaque jour, un élève jouera le rôle du chasseur de trésor.

• Demander à l'ensemble des élèves de mettre leur compteur numérique à zéro.

• Puis les inviter à ouvrir leur trousse et à fermer leurs yeux. Mettre dans chaque trousse une étiquette.

• Les élèves peuvent rouvrir les yeux.

• Désigner un joueur qui vient s'installer sur le tabouret : il devient alors le « chasseur de trésor ».

• Celui-ci demande à un élève de sortir l'étiquette de sa trousse. Ce dernier la présente à toute la classe et annonce sa valeur : une unité, une dizaine ou une centaine. Le chasseur remporte le nombre de points correspondant.

• Afficher l'étiquette au tableau.

• Chaque joueur manipule son compteur numérique pour faire figurer le nombre de points remportés par le chasseur.

• Le jeu peut se continuer de deux manières.

– Soit le chasseur décide de retourner à sa place avec la somme remportée : il inscrit alors son score dans la grille.

– Soit il décide d'ouvrir une nouvelle trousse. Il demande alors un autre élève de lui présenter son étiquette. Le chasseur de trésor remporte les points figurant sur l'étiquette ; ils s'additionnent à ceux précédemment gagnés.

• Afficher au tableau l'étiquette qui vient d'être sortie de la trousse.

• Tous les enfants manipulent leur compteur pour que figure la somme acquise depuis le début de la partie.

> **Exemple :** *Le chasseur a déjà remporté 130 points. Il obtient une étiquette qui vaut 100 points. Tous les compteurs doivent présenter le nombre 230.*

Régulièrement, faire un rappel des points déjà acquis par le chasseur.

• Si le chasseur de trésor trouve un marteau, il perd tous ses points et retourne à sa place. Dans ce cas, piocher dans le panier une étiquette avec le prénom d'un enfant.

– Si celui-ci présente sur son compteur le nombre exact de points remportés avant que le chasseur ne perde, il gagne cette somme et l'inscrit sur le tableau des scores.

Remarque : si cet élève a déjà gagné des points dans une partie précédente, il les cumule. Poser l'addition au tableau afin qu'il calcule son nouveau score.

– Si le nombre n'est pas exact, tirer au sort le nom d'un autre élève dans le panier.

• Terminer cette manche en demandant à un élève de lire le score de la partie du jour et préciser qu'un autre joueur prendra place sur le tabouret le lendemain.

• Quand, au fil des jours, tous les élèves ont joué le rôle de « chasseur de trésor », le vainqueur est celui qui a remporté le plus de points.

Prolongement écrit

• Après chaque séance, reprendre chaque groupe d'étiquettes sorties des trousses par un joueur et vérifier collectivement le résultat.

Exemple : *1 + 1 + 10 + 1 + 100 + 10 = 123*

• Expliquer aux enfants que cette opération est calculable plus facilement en modifiant la place des nombres.

• Demander à un enfant de venir placer les centaines en premier, puis les dizaines, puis les unités.

• Demander à un autre élève de calculer oralement la somme.

• Récrire au tableau les scores des différents enfants. Faire classer les scores dans l'ordre croissant sur le cahier d'essai.

Exemple : *100 + 10 + 10 + 1 + 1 + 1 = 123*

Conseils

• Laisser un temps de réflexion important quand les enfants manipulent le compteur.

• Pour apporter une aide supplémentaire, colorier, sur les cartes, les cases des unités en vert, des dizaines en rouge, des centaines en jaune.

Variantes

• Ce jeu peut être mené à raison d'une séance hebdomadaire de 30 minutes lors de laquelle 3 à 5 « chasseurs de trésor » passent sur le tabouret.

• Ce jeu peut être adapté en cycle 3 en ajoutant les étiquettes 1 000, 10 000, 100 000.

Les trios

CM1 / CM2

Compétences :	Connaître les écritures fractionnaires de quelques nombres simples. Passer d'une écriture fractionnaire à une écriture décimale.
Organisation :	Les élèves sont répartis en quatre équipes.
A.P.C. / soutien :	Une équipe peut être remplacée par un joueur seul.
Matériel individuel :	Des étiquettes vierges. Le cahier d'essai.
Matériel collectif :	Les cartes « trios ». ➤ Matériel spécifique aux jeux - jeu 23 Les cartes intrus. ➤ Matériel spécifique aux jeux - jeu 23 Les affiches avec le nom des quatre équipes. ➤ Affichage pour les équipes Un panier.
Durée :	45 minutes.

Réunir le plus de trios possibles.

Un nombre, trois écritures possibles. Pour gagner, il faut réunir les bonnes combinaisons, mais gare aux intrus !

Préparation

• Imprimer les cartes « trios » et intrus disponibles dans le CD-Rom. Les découper et, si possible, les plastifier.

• Parmi les dix trios proposés, en choisir huit pour la première partie (soit 24 cartes à répartir entre les quatre équipes).

Déroulement

• Répartir les élèves en quatre équipes : Fraises, Citrons, Oranges et Kiwis. Chacune désigne un capitaine qui est chargé d'organiser la concertation et de prendre la parole lors de la partie.

• Distribuer six cartes à chaque groupe. Laisser un temps de découverte des cartes et répondre aux questions éventuelles. Expliquer alors la composition d'un trio à l'aide l'exemple ci-dessous :

Exemple de trio de cartes :

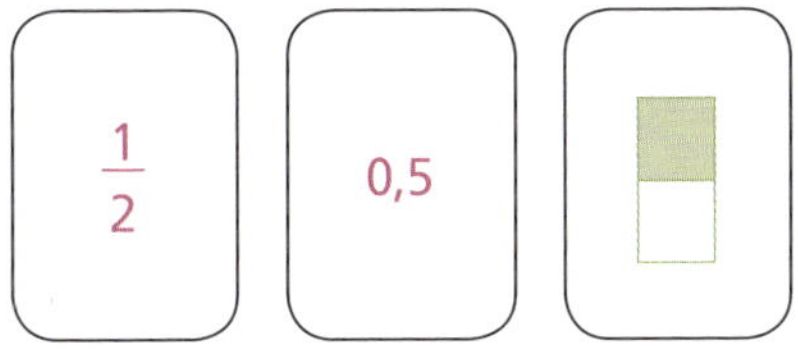

Préciser ce qui est représenté sur chaque carte : une fraction, un nombre décimal ou une représentation schématique.

• Ajouter que le jeu comprend des cartes intrus qui ne peuvent pas être associées à d'autres.

• Expliquer le principe du jeu : « Chaque équipe doit reconstituer le plus de trios possibles. Pour cela, elle demande des cartes aux autres groupes, selon le principe du jeu des sept familles. Quand une équipe a composé un trio, elle annonce «trio». Si celui-ci est correct, l'équipe affiche ses trois cartes au tableau. Elle garde la main et interroge un autre groupe.

Si le trio proposé est incorrect, l'équipe conserve ses trois cartes et perd la main. »

• Tracer au tableau quatre colonnes et fixer en en-tête les affiches avec le nom des équipes. Les équipes y fixeront les trios qu'elles auront constitués. Ceci permet de mesurer l'état d'avancement de chacun des groupes et de visualiser concrètement les réponses.

Exemple : *L'équipe Fraises commence. Elle possède les cartes suivantes :*

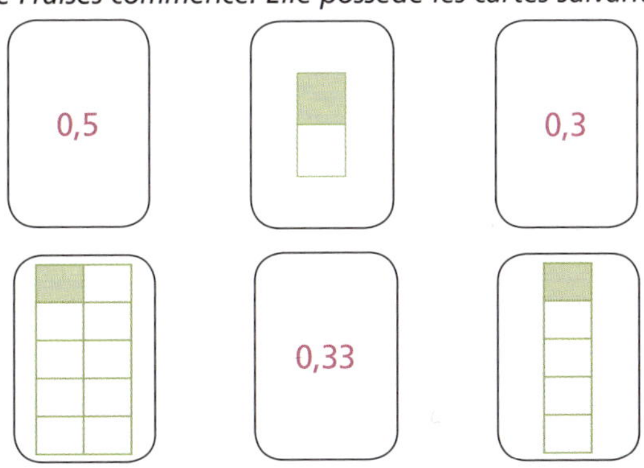

Comme elle possède le nombre décimal 0,5 et sa représentation schématique, elle demande à une équipe de son choix (Oranges) la carte avec la fraction 1/2.

– Si l'équipe Oranges possède cette carte, elle la donne à l'équipe Fraises qui peut afficher son trio de cartes au tableau et rejouer en interrogeant une autre équipe.

– Si l'équipe Oranges n'a pas la carte, l'équipe Fraises perd la main. C'est à l'équipe suivante de questionner un autre groupe.

• À chaque fois qu'un trio est affiché, procéder à une vérification collective et répondre aux questions éventuelles.

• Quand toutes les cartes sont affichées au tableau, c'est l'équipe qui a réuni le plus de trios qui a gagné.

Prolongement écrit

Placer dans un panier des cartes avec un nombre décimal. Chaque enfant en pioche une au hasard et doit, sur son cahier d'essai, décliner le nombre en une fraction et un dessin. Après une correction collective, chacun recopie le nombre de départ et les deux réponses sur des étiquettes qui seront utilisées dans une prochaine partie du jeu.

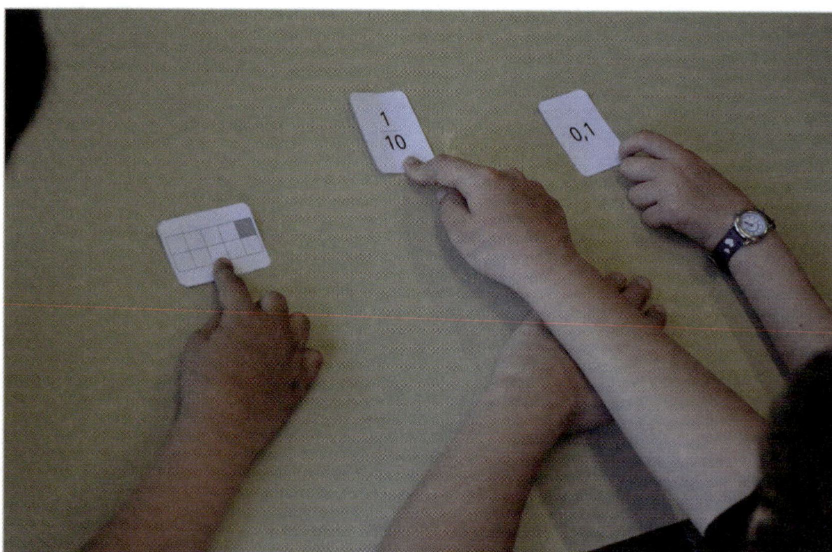

Le cadeau surprise

Du CP au CM2

Compétence : Restituer les tables d'addition et de multiplication de 2 à 9.

Organisation : Cinq élèves sont devant le tableau.

Matériel individuel : Une ardoise et un feutre.

Matériel collectif : Piste audio : cadeau30, cadeau60 ou cadeau90.
➤ Matériel spécifique aux jeux - jeu 24
Une boîte à chaussures.
Du papier cadeau.

Durée : 10 minutes quotidiennes.

Être le dernier joueur de la ligne.

Un joli cadeau passe de main en main… mieux vaut ne pas le garder trop longtemps !

Préparation

• Fabriquer un paquet surprise avec une boîte à chaussures et du papier cadeau (à la manière du cadeau du Schtroumpf facteur dans la bande dessinée de Peyo).

• Avant la séance, préparer une série d'opérations avec leur résultat. Établir cette série en fonction du niveau de la classe (tables d'addition et/ou de multiplication).

• Choisir la longueur de la piste audio (60 ou 90 secondes) en fonction de l'avancée du jeu et du niveau des élèves :

– Pour la première série d'opérations, utiliser la piste audio de 90 secondes.

– Puis, selon le niveau des élèves, le nombre de joueurs encore en course et le temps disponible pour effectuer le jeu, choisir les pistes audio de 60 ou 90 secondes.

– La piste audio de 30 secondes est à réserver pour la finale entre deux enfants.

Remarques : Chaque son est construit sur le même principe : un « tapis musical » neutre fait office de chronomètre. Petit à petit, un sonar se fait entendre ; son signal, de plus en rapproché, annonce l'explosion imminente du cadeau.

Dans l'impossibilité d'utiliser les pistes audio du CD-Rom, les remplacer par un chronomètre ou placer un minuteur de cuisine dans la boîte à chaussures.

Déroulement

• Expliquer le principe du jeu : « Cinq élèves alignés devant le tableau doivent résoudre tour à tour des opérations de calcul mental. Seul celui qui a le cadeau surprise dans les mains peut répondre. Attention ! le temps est limité : la musique est un chronomètre à la fin duquel le cadeau explose. Le joueur qui l'a alors dans les mains est éliminé. Le but du jeu est donc de donner rapidement une bonne réponse pour passer le cadeau à son voisin. »

• Inviter cinq élèves à venir devant le tableau et donner au premier de la ligne le paquet cadeau.

• Lancer la piste audio de 90 secondes et poser une opération au premier joueur.

Exemple : *2 × 3*

Il donne sa réponse.

– Si elle est correcte, valider en disant : « Oui. » Le joueur passe le cadeau à son voisin.

– Si la réponse est incorrecte, il garde le cadeau. Il ne pourra le donner à son voisin que lorsqu'il aura trouvé la bonne réponse.

• Le joueur qui ne connaît pas la réponse peut solliciter un joker dans la classe en disant : « Au secours ! » Il interroge un élève levant le doigt puis donne la réponse à l'enseignant, qui valide ou invalide.

• Le cadeau passe ainsi de main en main jusqu'à la fin de la piste audio ; l'élève qui porte le cadeau quand celui-ci explose a perdu et quitte la ligne.

• Procéder ainsi jusqu'à ce qu'il ne reste qu'un seul joueur en course ; c'est lui qui a gagné.

• Clore le jeu en précisant que cinq autres élèves joueront le lendemain.

Prolongement écrit

• Demander à un petit groupe d'élèves de préparer une liste d'opérations qui serviront lors d'une prochaine partie ; l'un d'entre eux jouera alors le rôle du meneur de jeu.

• L'enseignant pose à l'ensemble de la classe une série de sept opérations. Chaque élève note les réponses sur son ardoise (sans recopier les opérations). Ceux qui ont les bons résultats ont gagné.

Conseils

• Veiller à bien annoncer le temps retenu avant de lancer la piste audio.

• Quand tous les élèves ont joué, organiser une finale avec le vainqueur de chaque ligne.

• Le nombre de jokers peut être limité.

La bonne suite

Du CP au CM2

Compétence :	Produire oralement des suites de nombres.
Organisation :	Les élèves sont répartis en deux équipes. Dans le préau ou la salle d'évolution.
Matériel individuel :	Une ardoise et un feutre. Le cahier d'essai.
Matériel collectif :	Des dossards de deux couleurs différentes. Une boîte de haricots secs. Une grille de scores. Un chronomètre.
Durée :	15 minutes par manche.

NB : Les manches se suivent en une séance de 45 minutes.

Gagner un maximum de haricots.

Dès que j'ai un nombre entre les mains, je dois dire un nombre… mais le bon !

Préparation

Tracer une grille de scores sur une affiche ou au tableau, sur le modèle suivant :

	Rouges	Verts
Manche 1		
Manche 2		
Manche 3		

Déroulement

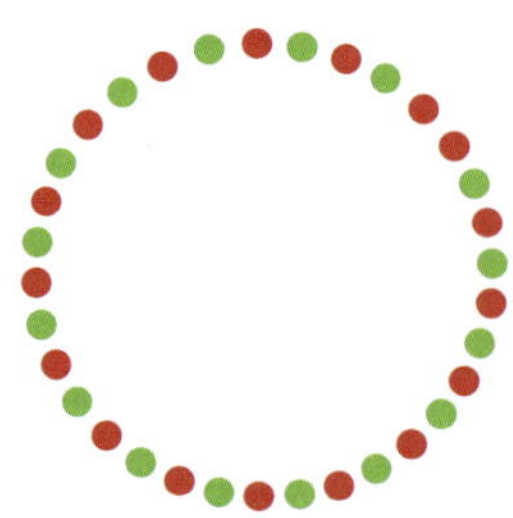

• Répartir les élèves en deux équipes : Rouges et Verts. Distribuer à chacun un dossard de la couleur correspondant à son équipe.

• Les emmener dans la salle d'évolution ou le préau. Organiser un cercle alternant un joueur de chaque équipe.

• Expliquer le principe du jeu : « Chaque équipe doit compléter une suite numérique nombre par nombre. Une partie se joue en trois manches. Chaque bonne réponse vaut un haricot sec ; l'équipe qui en a remporté le plus à la fin des trois manches a gagné. »

Remarque : la difficulté du jeu est croissante de manche en manche. Il est donc important de les faire dans l'ordre afin de fixer les règles, répondre aux questions, valoriser les enfants en difficulté.

Manche 1

• Annoncer trois nombres correspondant à une suite numérique.

> **Exemple :** *10 – 20 – 30…*

• Donner la boîte de haricots à un premier joueur. Celui-ci doit donner le nombre qui continue la suite.

> **Exemple :** *Un joueur de l'équipe Rouges commence : il a la boîte dans les mains et doit annoncer le nombre 40.*

– Si la réponse est correcte, il prend un haricot et donne la boîte au prochain joueur **de son équipe**, qui doit continuer la suite.

– Si ce n'est pas le cas, il passe la boîte au prochain joueur de son équipe sans se servir. À chaque réponse incorrecte, interrompre le jeu et demander la bonne solution aux élèves. Redémarrer avec le joueur suivant en redonnant les trois derniers nombres de la suite.

• Quand la boîte est passée entre toutes les mains des joueurs de l'équipe Rouges, comptabiliser le nombre de haricots remportés et noter le score dans la grille.

• Procéder de la même manière pour l'autre équipe (Verts).

• Faire un point sur les scores puis répondre aux questions éventuelles sur la suite numérique. Demander quels sont les nombres à venir si la suite devait être poursuivie.

Manche 2

• Cette manche se joue sur le même principe que la première, mais les deux équipes jouent en même temps avec la même suite. Un joueur qui donne une réponse passe la boîte à son voisin (enfant de l'autre équipe).

• Quand la boîte a fait un tour complet du cercle, comptabiliser le nombre de haricots obtenus par équipe et noter le score dans la grille. Faire un point sur les scores et répondre aux questions éventuelles sur la suite numérique.

Manche 3

• Sur le même principe, les deux équipes jouent en même temps avec la même suite numérique, mais pour une durée de deux minutes. La boîte peut donc faire plusieurs fois le tour du cercle.

• Si un joueur donne une mauvaise réponse, il s'assoit par terre ou sur une chaise. Quand il a de nouveau la boîte lors du second tour, il peut se relever à condition de donner une bonne réponse. Toutefois, il ne peut pas prendre de haricot, car seulement un enfant debout peut en gagner un.

• Quand une mauvaise réponse est donnée, interrompre le chronomètre pour avoir le temps de rectifier l'erreur et répondre aux questions.

• Au terme des 120 secondes, comptabiliser le nombre de haricots obtenus par chaque équipe et noter le score dans la grille.

• Demander à un élève de chaque équipe d'additionner les points remportés dans chacune des manches. L'équipe qui a le plus de points a gagné.

Proposition de suites numériques

• Au cycle 2 : compter, en avant ou en arrière, de 1 en 1, de 2 en 2, de 4 en 4, de 5 en 5, de 10 en 10, de 100 en 100 à partir de n'importe quel nombre.

• Au cycle 3 : compter, en avant ou en arrière, de 2 en 2, de 4 en 4, de 5 en 5, de 10 en 10, de 100 en 100, de 1 000 en 1 000, de 10 000 en 10 000 à partir de n'importe quel nombre.

Prolongement écrit

• Chaque enfant complète, sur son cahier d'essai, une ou plusieurs suites numériques écrites au tableau.

• Les enfants sont en binômes. L'un écrit, sur son cahier d'essai, les trois premiers nombres d'une suite numérique que l'autre doit compléter. Les rôles sont ensuite inversés.

Conseil

Si un enfant ne trouve pas la réponse, il dit : « Je passe » et donne la boîte à son voisin.

Variantes

• Suivant le niveau de la classe et des élèves, le nombre de points gagnés lors de la troisième manche peut être multiplié par les points gagnés dans les deux premières.

• Un joueur qui donne une mauvaise réponse est éliminé. Au terme d'une manche, l'équipe qui compte le plus de joueurs a gagné.

• Rejouer à l'une des manches du jeu en classe : les élèves donnent les réponses avec l'ardoise.

La pièce secrète

Du CP au CM2

Compétence : Calculer une opération.
Organisation : Les élèves jouent individuellement.
Matériel individuel : Le cahier d'essai.
Matériel collectif : Un plan de la maison par élève.
➤ Matériel spécifique aux jeux - jeu 26
Durée : 40 minutes.

Trouver quelle est la pièce secrète.

Cinq opérations, six résultats… l'intrus se cache quelque part dans la maison !

Préparation

• Préparer une série de neuf opérations en fonction des compétences travaillées avec la classe.

Exemple : *23 × 3 = 69 ; 42 × 5 = 210 ; 54 × 3 = 162 ; 65 × 2 = 130 ; 56 × 4 = 224 ; etc.*

• Imprimer le plan de la maison.
• Écrire le résultat d'une des opérations dans chaque pièce de la partie rez-de-chaussée. Dans une pièce au choix, écrire un résultat « intrus », proche de ceux déjà écrits.

Exemple :

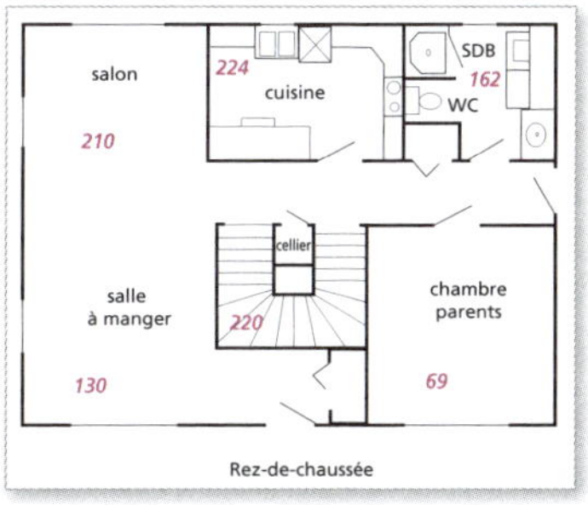

• Procéder de la même manière pour l'étage, avec le résultat de quatre opérations et un résultat intrus.
• Photocopier le document ainsi produit afin d'en donner un par élève.

Séparer le rez-de-chaussée de l'étage.

Prévoir une copie de chaque au format A3 afin de les afficher dans la classe.

• Écrire au tableau les neuf opérations, en distinguant celles dont les résultats sont au rez-de-chaussée et celles dont les résultats sont à l'étage.

Déroulement

• Répartir les élèves en binômes. Ils disposent de leur cahier d'essai.

• Distribuer à chaque binôme le document *rez-de-chaussée*.

• Faire commenter l'image : « De quoi s'agit-il ? Comment reconnaît-on qu'il s'agit d'un plan de maison ? Combien y a-t-il de pièces ? »

• Énoncer la règle : « L'une des pièces de cette maison est une pièce secrète. Pour la découvrir, vous devrez effectuer sur votre cahier d'essai les cinq opérations qui sont au tableau. À chaque fois que vous trouverez un résultat, vous pourrez barrer le nom de la pièce correspondante. Quand vous aurez effectué les cinq opérations, la pièce non barrée sera la pièce secrète. »

Faire reformuler la règle et répondre aux questions éventuelles.

• Laisser le temps nécessaire à chaque enfant pour poser et calculer les opérations sur son cahier d'essai. Apporter auprès de certains les aides individuelles nécessaires.

• Quand le travail est terminé, procéder à une correction collective. Désigner cinq enfants qui effectuent les opérations au tableau. Valider les résultats avec le groupe classe. À chaque résultat validé, barrer la pièce correspondante sur le plan affiché au format A3.

• Les enfants qui ont trouvé la pièce secrète ont gagné.

• Procéder à une correction et à un soutien plus individuel avec les enfants qui n'ont pas trouvé la bonne réponse. Lors d'une séance d'A.P.C., organiser un petit groupe de travail où sont reprises les cinq opérations.

• Pendant la remédiation avec les élèves en difficulté, donner aux élèves qui ont trouvé la bonne réponse le document avec le *premier étage* et procéder de manière identique.

Prolongement écrit

Faire préparer le jeu par un groupe d'enfants. Demander à trois élèves de préparer une liste de cinq opérations et six résultats. Après correction, leur remettre le plan du rez-de-chaussée et les laisser préparer la planche. Le groupe animera le jeu lors de la prochaine séquence.

Conseil

Utiliser le plan de l'école.

La boîte infernale

Du CE1 au CM2

Compétence : Calculer mentalement.

Organisation : Les élèves sont répartis en quatre équipes.

A.P.C. / soutien : Une équipe peut être remplacée par un joueur seul.

Matériel individuel : Le cahier d'essai.

Matériel collectif : Les étiquettes avec le fruit de chaque équipe.
➤ Affichage pour les équipes
Les cartes signes et les cartes nombres.
➤ Matériel spécifique aux jeux - jeu 27
Trois boîtes à chaussures.
Une boîte de haricots secs.
Quatre pots de yaourts vides.

Durée : 4 séances de 60 minutes.

Gagner un maximum de points.

Quand j'entends un nombre, je cours et je donne une opération… mais attention aux boîtes infernales !

Préparation

- Dans une boîte à chaussures, placer les quatre cartes signes :

+ **addition**	– **soustraction**	× **multiplication**	/ **division**

L'introduction d'un signe opératoire dans cette boîte se fait bien sûr en fonction du niveau de la classe.

• Dans une autre boîte, placer les cartes nombres :

1	2	50
100	5	10

• Coller l'étiquette de chaque équipe sur un pot de yaourt vide (ou simplement écrire le nom de l'équipe sur le pot).

Déroulement

Répartir les élèves en quatre équipes : Fraises, Citrons, Oranges et Kiwis. Leur donner un pot de yaourt vide avec leur symbole (ou leur nom). Elles y déposeront les haricots collectés.

Remarque : Ce jeu évolutif se déroule en deux à quatre séances. Les séances 3 et 4 sont réservées aux niveaux CM1/ CM2.

Séance 1

• Expliquer le principe du jeu : « Quatre joueurs, un par équipe, se positionnent en ligne à trois mètres de l'enseignant. Celui-ci annonce un nombre. Le premier joueur qui pose sa main dans celle de l'enseignant et donne une opération dont le résultat correspond au nombre annoncé gagne un haricot. L'équipe qui le plus de haricots à la fin de la partie a gagné. »

• Procéder à un exemple. Éventuellement, coller sur le sol quatre repères côte à côte pour marquer la zone de départ. Un joueur par équipe se positionne.

> **Exemple :** *Isabelle, Valérie, Florence et Alexandre sont sur la zone de départ. Le nombre annoncé est 25. Isabelle pose sa main en premier dans celle de l'enseignant et donne comme opération : « 5 × 5 ». Elle gagne un haricot.*

Si un joueur donne une mauvaise réponse, c'est le deuxième à avoir posé la main qui propose une opération.

• Appeler un joueur par équipe et commencer la partie en comptabilisant les points.

• Proposer aux quatre joueurs une série de trois nombres. Cela donne plus de chance à chacun de gagner un haricot.

• Chaque opération correcte est notée au tableau, avec le résultat.

• Appeler quatre nouveaux joueurs. Procéder ainsi jusqu'à ce que tous les élèves aient joué.

• Quand chaque enfant a joué une série de trois nombres, demander à chaque équipe de compter le nombre de haricots gagnés. Faire un classement oral intermédiaire.

• Ranger les pots. Lors de la prochaine manche, chaque groupe récupère son pot avec son gain de haricots.

Séance 2

• La deuxième séance de jeu reprend le même principe que précédemment, mais introduit une contrainte : le type d'opération à proposer est défini par un tirage au sort.

• Présenter la « boîte infernale » contenant les étiquettes signes. Faire piocher une étiquette par un élève et l'afficher au tableau.

• Appeler un joueur par équipe à se positionner sur la zone de départ. Au nombre annoncé, les quatre joueurs doivent obligatoirement formuler une opération avec le signe affiché.

> **Exemple :** *Malek pioche l'étiquette addition et l'affiche au tableau. Isabelle, Valérie, Florence et Alexandre se positionnent sur la zone de départ. Le nombre annoncé est 456. Alexandre pose sa main en premier dans celle de l'enseignant et donne comme opération : « 450 + 6 ». Il gagne un haricot.*

• Après une série de trois nombres, l'étiquette est remise dans la boîte. Demander à un enfant d'en piocher une autre et inviter quatre nouveaux joueurs sur la ligne de départ.

• Quand tous les joueurs ont participé, demander à chaque équipe de compter le nombre de haricots gagnés.

Pour les niveaux CE1 et CE2, désigner l'équipe qui a le plus de haricots comme gagnante et établir un classement des trois autres équipes.

Pour les niveaux CM1 et CM2, faire un classement oral intermédiaire et conserver les pots avec les gains de haricots pour la prochaine séance.

Séance 3

• Pour cette séance, l'enseignant introduit une nouvelle boîte infernale : elle contient des étiquettes nombres.

• Demander à un enfant de piocher une étiquette dans chaque boîte et les afficher au tableau.

• Appeler un joueur par équipe à se positionner sur la zone de départ. Au nombre annoncé, les quatre joueurs ne peuvent utiliser ni le type d'opération ni le nombre affichés.

Exemple : *Malek pioche les étiquettes soustraction et le nombre 2 et les affiche au tableau. Isabelle, Valérie, Florence et Alexandre sont sur la zone de départ. Le nombre annoncé est 500. Valérie pose sa main en premier dans celle de l'enseignant et donne comme opération : « 50 × 10 ». Elle gagne un haricot.*

• Après chaque série de trois nombres, les étiquettes sont remises dans leur boîte respective. Un élève en en pioche deux autres et quatre nouveaux joueurs se positionnent sur la ligne de départ.

• Quand tous les élèves ont joué, faire un point sur les scores et préciser que la prochaine partie sera la dernière étape du jeu.

Séance 4

• Demander à un enfant de piocher une étiquette dans chaque boîte et de les afficher au tableau.

• Dans cette séance, les équipes jouent une par une. Ainsi, tous les joueurs de l'équipe Fraises se placent en ligne face à la classe.

• Annoncer un nombre au premier joueur de la file qui doit répondre par une opération équivalente sans utiliser ni le signe et ni le nombre affichés au tableau.

• Valider ou non la réponse, sans donner de haricot, et inviter celui qui vient de répondre à se rendre au bout de la file.

• Quand tous les enfants de l'équipe ont joué une fois, compter le nombre de bonnes réponses. L'équipe multiplie le nombre de haricots qu'elle a collectés lors des séances 1 à 3 par le résultat obtenu dans cette séance 4.

Exemple : *L'équipe Fraises a 5 bonnes réponses. Elle a gagné 14 haricots lors des trois premières séances. Son score final est de 14 × 5 = 70.*

• Procéder ainsi avec les trois autres équipes. L'équipe qui remporte le plus de points a gagné.

Prolongement écrit

• À la fin de chaque séance, demander aux enfants de mettre les mains sur les yeux. Pendant ce temps, effacer un nombre par opération écrite au tableau. Chaque élève devra recopier et compléter les opérations sur son cahier d'essai.

• Conserver au tableau cinq opérations et en effacer le résultat. Demander à chacun de classer ces opérations par ordre croissant dans son cahier d'essai.

• Effacer les opérations au tableau et ne conserver que les résultats. Chaque élève doit trouver cinq opérations différentes pour un même nombre.

Conseil

Pour motiver les élèves et marquer le degré de difficulté, la première manche rapporte un haricot par bonne réponse ; la deuxième peut en rapporter deux et la troisième trois.

Jouer, compter, gagner

Du CE1 au CM2

Compétence :	Calculer mentalement.
Organisation :	Préparation : Trois binômes en autonomie. Déroulement : Tous les élèves dans la salle d'évolution ou dans le préau.
A.P.C. / soutien :	Une équipe peut être remplacée par un joueur seul.
Matériel individuel :	Une ardoise et un feutre.
Matériel collectif :	Des fiches bristol au format A5. Des cerceaux. Des dossards de trois couleurs différentes (rouge, vert, bleu). Un sifflet. Trois chronomètres. Un ballon.
Durée :	45 minutes.

Dans chacun des trois ateliers, pour gagner, il faut savoir compter.

Cette séquence est composée de trois jeux mathématiques que les enfants pourront mener en autonomie.

Préparation

• Lors d'un travail en atelier, six élèves préparent des questionnaires de calcul rapide : en binômes, ils écrivent une série de quinze à trente opérations suivant le niveau de la classe, à partir d'un thème donné, reprenant une des compétences attendues en fin de cycle.

Cycle 2

Connaître les tables d'addition de 1 à 9.

Connaître les tables de multiplication (2 et 5).

Savoir multiplier par 10.

Trouver le complément d'un nombre à la dizaine immédiatement supérieure.

Cycle 3

Connaître les tables d'addition de 1 à 9.

Connaître les tables de multiplication de 2 à 9.

Connaître le complément à 10 pour tout nombre inférieur à 100.

Connaître le complément à l'entier pour tout nombre décimal ayant un chiffre après la virgule.

• Vérifier les résultats puis faire recopier chaque série d'opérations sur une fiche bristol.

• Organiser les parcours suivants avec des cerceaux ou des cercles tracé au sol :

Terrain 1

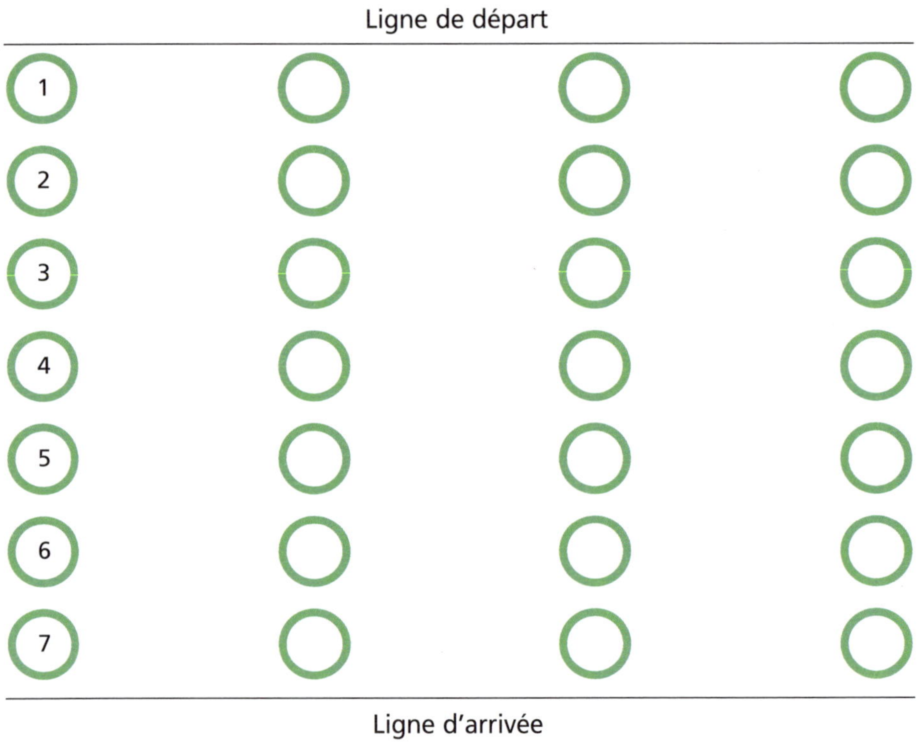

Terrain 2

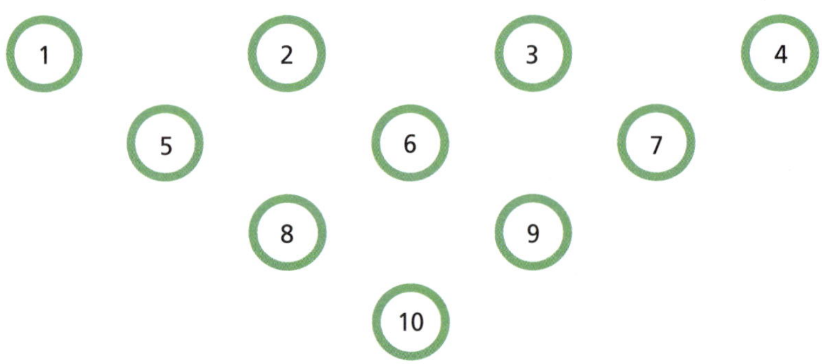

Déroulement

• Expliquer à l'ensemble de la classe que trois jeux pour s'entraîner au calcul mental vont être organisés dans la salle d'évolution (ou le préau) et qu'ils seront animés par trois binômes.

• En préambule, rappeler les règles du « vivre ensemble » et demander à un ou plusieurs élèves de reformuler la conduite à tenir pendant un jeu (voir p. 11).

• Présenter les trois binômes qui ont préparé les fiches questions. Expliquer que chaque binôme va animer un jeu : un élève posera les questions de calcul, l'autre va chronométrer et arbitrer.

• Organiser le reste de la classe en trois groupes : Vert, Rouge, Bleu[1]. Donner à chaque enfant un dossard de la couleur de son équipe.

• Les élèves se rendent dans la salle d'évolution (ou le préau). Les joueurs sont munis d'une ardoise et d'un feutre ; les arbitres d'un chronomètre.

• Chaque équipe s'approprie un terrain de jeu.

• Avant de lancer le départ des jeux, préciser que :

– Une partie dure en moyenne 10 minutes.

– Quand le meneur de jeu pose une opération, l'arbitre chronomètre dix secondes, au terme desquelles chaque joueur doit présenter la réponse sur son ardoise (jeu 1) ou la donner oralement (jeux 2 et 3).

– À chaque coup de sifflet donné par l'enseignant quand les trois jeux sont terminés, les groupes changent d'atelier. Les binômes arbitres restent à leur place.

Jeu 1

Arriver le premier à la ligne d'arrivée.

• Chaque joueur de l'équipe se place sur la ligne de départ.

• Expliquer le principe du jeu : « Quand un joueur donne le bon résultat à l'opération posée par le meneur de jeu, il peut avancer d'un cerceau. En revanche, si le résultat n'est pas correct, il recule d'un cerceau. »

• Le premier joueur qui franchit la ligne d'arrivée a gagné.

Jeu 2

Arriver le premier à la ligne d'arrivée.

• Quatre enfants de l'équipe se placent sur les cerceaux 1, 2, 3 et 4.

• Le meneur de jeu interroge les enfants un par un. Chaque joueur a dix secondes pour donner oralement sa réponse, qui est validée ou non par l'arbitre.

Les trois joueurs à avoir donné une bonne réponse accèdent aux cerceaux 5, 6 et 7. Le quatrième est éliminé.

En cas d'égalité, le meneur pose une nouvelle opération et le premier joueur à donner la bonne réponse est qualifié.

• Procéder ainsi jusqu'à ce qu'un joueur atteigne le cercle 10.

---

1. L'idéal est de composer trois équipes de quatre joueurs.

Jeu 3

Être le dernier du cercle.

• Les joueurs sont assis en cercle.

• Le meneur donne un ballon à l'un d'eux et lui pose une opération. Le joueur interrogé a dix secondes pour donner sa réponse oralement.

– Si la réponse est correcte, il passe le ballon à son voisin et peut rester dans le cercle.

– Si la réponse est incorrecte, il quitte le cercle. Le ballon passe alors au joueur suivant.

• Procéder ainsi jusqu'à ce qu'il ne reste qu'un seul joueur ; c'est le gagnant.

Prolongement écrit

• Les fiches questions sont recopiées dans le cahier ou le fichier de mathématiques.

• En autonomie, des élèves peuvent écrire de nouveaux questionnaires de calcul rapide et les proposer pour une prochaine séance du jeu.

Conseils

• Si après dix minutes de jeu, dans un atelier, un gagnant n'a pas encore été désigné, annoncer aux élèves qu'une minute supplémentaire est accordée. Si au terme de celle-ci, plusieurs joueurs sont encore en compétition, chacun d'entre eux est déclaré vainqueur.

• Prendre le temps de faire le bilan de la séquence avec les enfants : « Avez-vous aimé les trois jeux ? Y a-t-il eu des soucis d'arbitrage ? Quelles remédiations peut-on apporter ? » En plus des mathématiques, cette séquence permet de renforcer l'écoute, le respect et le vivre ensemble dans la classe.

• En début d'année, l'enseignant anime une fois chaque jeu pour que les élèves puissent s'en approprier les règles.

• Au cours de l'année, faire en sorte que chaque élève soit arbitre ou meneur de jeu.

La bataille des nombres

CP / CE1

Compétences : Comparer, ranger des nombres.
Calculer mentalement une somme.

Organisation : Les élèves jouent en binômes.

Matériel individuel : Une ardoise et un feutre.

Matériel collectif : Les cartes « Bataille des nombres »
➤ Matériel spécifique aux jeux - jeu 29

Durée : 30 minutes.

Remporter un maximum de cartes.

Par deux, les enfants se battent… avec des nombres et des additions.

Préparation

• Imprimer et découper les cartes « Bataille des nombres » disponibles sur le CD-Rom. Les plastifier pour en faciliter l'utilisation.

Prévoir un jeu de cartes complet par binôme.

• Pour une classe de CP, l'enseignant choisit les cartes en fonction du niveau de sa classe.

Déroulement

• Les élèves sont regroupés par deux, l'un en face de l'autre. Donner à chaque binôme un jeu de cartes complet et demander à ce que les cartes soient battues et distribuées de manière équitable entre les deux joueurs.

• Expliquer le principe du jeu : « Comme au jeu de bataille, chaque joueur pose une carte devant lui ; c'est celui qui a posé la carte avec le plus grand nombre qui ramasse les deux cartes. Jouer ainsi jusqu'à ce que l'un des joueurs n'ait plus de cartes. Le but du jeu est de s'emparer des cartes de son adversaire. »

Préciser qu'en cas d'égalité, chaque joueur reprend sa carte et la remet dans son jeu.

• Procéder à un exemple au besoin, puis laisser les élèves jouer.

• Faire un bilan intermédiaire du jeu en posant les questions suivantes : « Que pensez-vous de ce jeu ? Qu'avez-vous apprécié ? Quelles cartes posent problème ? Avez-vous rencontré des soucis d'arbitrage ? »

• Quand chaque binôme a joué une partie, chaque série de cartes est ramassée.

• À partir des observations faites pendant le jeu et des remarques des enfants, afficher au tableau les cartes qui induisent des difficultés.

• Les trois cartes ci-dessous poseront certainement problème car elles ne donnent pas une représentation en écriture chiffrée du nombre, comme les autres cartes.

Pour aider à la compréhension de ces cartes, annoncer une quantité.

Exemple : *une dizaine.*

Demander à un élève de venir pointer du doigt la carte correspondante, puis d'écrire le nombre représenté en chiffre.

Exemple : *10.*

Procéder de même avec l'unité et la centaine avec deux autres élèves.

• Si des cartes nombres simples posent aussi des difficultés, en afficher deux au tableau (par exemple 75 et 35), puis demander aux élèves de désigner celle qui représente le plus grand nombre. Préciser que pour connaître le nombre le plus grand, il faut d'abord comparer le chiffre des dizaines, puis celui des unités.

• En fin de partie, afficher au tableau les vingt cartes du jeu. Demander aux élèves de les classer du plus petit au plus grand.

Prolongement écrit

• *Pour les CE1 uniquement :* distribuer une carte à chaque élève. Deux d'entre eux affichent leur carte au tableau. Sur leur ardoise, les autres élèves doivent en écrire la somme. Procéder de la même manière avec trois et quatre cartes

• Faire rédiger des cartes de jeu par les élèves. Il peut s'agir de nombres, mais aussi d'additions que les joueurs devront effectuer mentalement pour connaître le gagnant.

Conseils

• Les enfants peuvent jouer par trois : deux ont dix cartes en main et le troisième est arbitre. Il vérifie le calcul des points. À la fin de chaque partie, les rôles sont échangés.

• Pour éviter de mélanger les séries de cartes, imprimer chaque série sur une feuille de couleur différente.

Variante

• Ce jeu peut être enrichi en imposant une difficulté supplémentaire : chaque joueur retourne deux cartes sur la table et doit calculer la somme de cartes pour savoir s'il est gagnant ou perdant.

> **Exemple :** *Valérie retourne les cartes* 1 10 *et Malek les cartes* 50 20*. Malek est gagnant car le total de ses deux cartes est supérieur à celui de Valérie.*

• Avec des élèves aguerris, proposer ce principe de jeu avec trois cartes.

Multiplication & Cie

Du CE1 au CM1

Compétences :	Décomposer un nombre entier. Calculer le produit de deux entiers.
Organisation :	Les élèves sont répartis en équipe de cinq.
A.P.C. / soutien :	Une équipe de quatre ou cinq élèves.
Matériel individuel :	Le cahier d'essai. Une pochette de feutres.
Matériel collectif :	Une calculatrice par équipe. Trois dossards vert, bleu et rouge et deux dossards jaunes par équipe.
Durée :	60 minutes.

Gagner un maximum de points.

Une multiplication et plusieurs manières de la résoudre… la réponse sera-t-elle la même ?

Préparation

Avant le jeu, l'enseignant prépare une série de multiplications qu'il posera au tableau au fur et à mesure des parties du jeu.

Déroulement

- Organiser des équipes de cinq élèves[1]. Chaque équipe se donne un nom.
- Expliquer le principe du jeu : « Une multiplication est posée au tableau. Chaque équipe doit la résoudre de trois manières différentes : en la décomposant, en la posant en colonne, en utilisant la calculatrice. Chaque bon résultat rapporte dix points et si tous les joueurs de l'équipe ont trouvé la bonne réponse, les points sont multipliés par cinq. »

1. Si le groupe n'a pas un nombre d'élèves multiple de cinq ou si cette séquence est destinée à un stage de soutien, voir la rubrique « Variantes ».

• Procéder à un exemple en posant une multiplication au tableau :

Exemple :

	2	3	4	← multiplicande
×			5	← multiplicateur

• Tracer trois colonnes au tableau. Écrire en tête de chacune : multiplication décomposée ; multiplication posée ; multiplication à la calculatrice.

• Demander à un élève de lire le nombre multiplicande et de trouver sa décomposition. L'écrire au tableau, dans la colonne « multiplication décomposée » : *234 = 200 + 30 + 4*.

• Inviter une équipe au tableau pour résoudre cet exemple.

• Un joueur est chargé de calculer les centaines. Dans la colonne « multiplication décomposée », il écrit en ligne l'opération *200 × 5* et note le résultat : *1 000*.

Un autre doit calculer les dizaines : il écrit en ligne l'opération *30 × 5* et note le résultat : *150*.

Un troisième calcule les unités : il écrit en ligne l'opération *4 × 5* au tableau et note le résultat : *20*.

Demander à ce dernier d'additionner les trois résultats : 1 000 + 150 + 20 = 1 170.

• Expliquer aux élèves que ces trois joueurs viennent de calculer la multiplication en la décomposant, mais qu'on peut aussi la poser en colonne pour trouver le résultat.

• Inviter un quatrième joueur à poser la multiplication en colonne au tableau (sous l'en-tête « multiplication posée ») et à la calculer. Apporter une aide au besoin.

• Enfin, demander au cinquième et dernier joueur de vérifier ce résultat avec la calculatrice.

• Constater que le résultat trouvé est identique aux trois méthodes de calcul. Mettre en valeur la similitude des résultats.

Exemple :

Multiplication décomposée	Multiplication posée	Multiplication à la calculatrice
234 = 200 + 30 + 4 200 × 5 = 1000 30 × 5 = 150 4 × 5 = 20 1000 + 150 + 20 = 1170	234 × 5 1170	

• Procéder au calcul des points : chaque résultat correct vaut 10 points, soit un total possible de 60 points. Si tous les joueurs de l'équipe ont apporté une bonne réponse, ce total est multiplié par 5 (60 × 5 = 300 points).

• Vérifier la bonne compréhension du jeu auprès de l'ensemble de la classe.

• Attribuer, dans chaque équipe, un rôle à chaque joueur en donnant au responsable des *unités* un dossard vert ; à celui des *dizaines* un dossard rouge ; et à celui des *centaines* un dossard bleu. Les deux autres joueurs reçoivent un dossard jaune.

• Distribuer une calculatrice par groupe.

• Commencer une partie, en posant une autre multiplication au tableau. Pour les chiffres du multiplicande, utiliser les couleurs qui correspondent au rôle de chacun dans les équipes.

• Chaque élève se munit de son cahier d'essai pour y écrire les opérations. Préciser que les joueurs ne peuvent pas communiquer entre eux pendant la phase de réflexion.

• Après le temps de réflexion nécessaire, demander à tous les joueurs de poser leur stylo et de fermer leur cahier d'essai. Inviter une première équipe à écrire ses opérations au tableau, puis une seconde, etc.

• Dans la colonne « multiplication décomposée », exiger que chacun écrive avec une craie de la même couleur que celle de son dossard.

• Procéder à une correction collective en comparant les résultats entre eux. Au besoin demander aux élèves de présenter leur démarche.

• Traiter les erreurs et y remédier. Répondre aux questions éventuelles

• Procéder au calcul des points. L'équipe qui a le plus de points à la fin du jeu a gagné.

• Lors d'une prochaine partie, les joueurs changent de rôle au sein de chaque équipe.

Prolongement écrit

Écrire une multiplication décomposée comme suit au tableau :
3 × 126 = (3 × ....) + (.... × 20) + (.... × ....) = ...
Les enfants doivent la recopier et la compléter sur leur cahier d'essai.

Conseils

• En CE1, l'utilisation de la table de Pythagore est acceptée.
• Pour les parties ultérieures, selon le niveau des élèves, procéder ou non collectivement à la décomposition du multiplicande.

Variantes

• S'il n'est pas possible d'organiser des équipes de cinq joueurs, enlever la partie *calculatrice* ou la partie *multiplication posée*. Elles seront réintroduites par la suite pour vérifier la somme de la multiplication décomposée.
• ***A.P.C. / Stage de soutien / Version coopérative*** : Ce jeu peut s'effectuer à une seule équipe. Le but étant de battre chaque jour le record de la séquence précédente.

L'ascenseur

CM1 / CM2

Compétence : Calculer le quotient et le reste d'une division euclidienne d'un nombre entier (d'au plus quatre chiffres) par un nombre entier (d'au plus deux chiffres).

Organisation : Les élèves sont en binômes.

Matériel individuel : Le cahier d'essai.
Une pochette de feutres.

Matériel collectif : La tour du monde (un exemplaire par binôme).
➤ Matériel spécifique aux jeux - jeu 19
Des aimants (un par binôme).
Des feuilles format A4.

Durée : 45 minutes.

NB : pour être efficace, ce jeu doit être mené en petits groupes de 10 élèves (5 binômes ou en A.P.C.).

Atteindre le dernier étage de la tour.

Pour arriver en haut de la tour, il faut savoir diviser… mais attention à la descente !

Préparation

• Tracer au tableau la pyramide des mises, selon le modèle suivant :

↑ 1 étage	●● | ●	2 chiffres au dividende 1 chiffre au diviseur
↑ 2 étages	●●● | ●	3 chiffres au dividende 1 chiffre au diviseur

↑ 3 étages	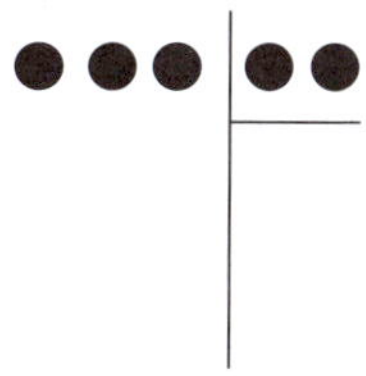	3 chiffres au dividende 2 chiffres au diviseur

• Préparer quatre divisions pour chaque niveau de cette pyramide.

Déroulement

• Répartir les élèves en binômes ; ils s'installent l'un à côté de l'autre avec leur cahier d'essai.

• Afficher au tableau une tour de 12 étages par binôme et placer au rez-de-chaussée de chacune un aimant symbolisant l'ascenseur.

• Demander aux élèves de chaque binôme d'écrire leur prénom au pied de leur tour.

Exemple :

Yvan Karine	Boris Virginie	Hervé Nathalie	Jeanne Fantin	Marie Manu

• Énoncer le principe du jeu : « Chaque binôme peut faire monter son ascenseur en calculant des divisions : plus la division réalisée est difficile, plus l'ascenseur monte d'étages. Le but est d'atteindre en premier le douzième étage de sa tour. »

• Demander à chaque binôme de choisir le nombre d'étages qu'il souhaite monter.

• Écrire au tableau la division correspondant à chaque niveau.

• Chaque élève effectue individuellement la division sur son cahier d'essai ; puis il compare son résultat avec celui de son partenaire. Au besoin, l'opération est reposée et recalculée par les deux joueurs.

• Accorder le temps nécessaire pour cette phase et apporter les aides individuelles aux élèves qui rencontrent des difficultés.

• Quand un binôme est d'accord sur le résultat à annoncer, il lève la main pour être corrigé.
– Si le quotient et le reste de la division sont justes, un des deux élèves monte son ascenseur d'autant d'étages que la mise de départ.
– Si le quotient de la division est correct, mais pas le reste, l'ascenseur reste à son étage sans descendre.
– Si la division n'est pas correcte, l'ascenseur descend d'autant d'étages que la mise de départ. Préciser qu'il n'est pas possible de descendre à des niveaux inférieurs au rez-de-chaussée avec son ascenseur.
• Demander ensuite à un élève d'un binôme d'effectuer sa division au tableau. Le reste de la classe commente chaque étape de la réalisation de l'opération. Relever les difficultés rencontrées et apporter les remédiations nécessaires.
• Procéder de même pour les autres divisions.
• Faire un point sur la montée des différents ascenseurs et inviter tous les binômes à faire une nouvelle mise.
• Écrire au tableau la division correspondant à chaque niveau.
• Le premier binôme qui parvient à faire monter son ascenseur au dernier étage a gagné.
Ou, après 30 minutes de jeu environ, préciser que la prochaine série d'opérations sera la dernière. Ce sont les binômes qui auront leur ascenseur le plus haut qui seront déclarés vainqueurs.

Prolongement écrit

• Poser une division au tableau et désigner un élève pour l'effectuer. Demander aux autres élèves de commenter la réalisation de la division étape par étape. Synthétiser chacun des commentaires en une phrase écrite au tableau.
• Distribuer une feuille A4 à un petit groupe d'élèves. Chaque enfant recopie une phrase sur sa feuille. Affichées dans l'ordre au mur, ces feuilles constituent une référence commune.

Conseil

Exiger que la division présentée pour validation soit correctement posée : traits tracés à la règle et un chiffre écrit par carreau.

Variantes

• Une fois que les élèves sont bien entraînés à ce jeu, l'enseignant peut en augmenter la difficulté en donnant une division différente à chaque binôme. Dans ce cas, lors de la mise en commun, tous les binômes présentent leur opération au tableau.

• Ce jeu peut s'effectuer avec des additions, des soustractions et des multiplications.

Additions	
↑ 1 étage	●● + ●●
↑ 2 étages	●●● + ●●
↑ 3 étages	●●● + ●●●
↑ 4 étages	● ●●● + ● ●●●

Soustractions	
↑ 1 étage	●● – ●●
↑ 2 étages	●●● – ●●
↑ 3 étages	●●● – ●●●
↑ 4 étages	● ●●● – ● ●●●

Multiplications	
↑ 1 étage	●● × ●
↑ 2 étages	●●● × ●
↑ 3 étages	●●● × ●●

La devinette géométrique

Du CP au CM2

Compétences : Reconnaître de manière perceptive une figure plane.
Reconnaître, décrire et nommer les solides droits.
Connaître les propriétés des faces et des arêtes.

Organisation : Les élèves jouent en binômes.

Matériel individuel : Les figures géométriques planes et/ou en volume.
➤ Matériel spécifique aux jeux - jeu 32
Cinq smileys.
➤ Matériel spécifique aux jeux - jeu 32
Le compas, la règle et l'équerre.

Durée : 45 minutes.

Prendre les smileys de son adversaire.

Pour savoir quelle figure ou quel volume se cache de l'autre côté de la table, il faut poser les bonnes questions.

Déroulement

• Les élèves s'installent en binômes, l'un en face de l'autre. Un panneau posé au milieu de la table permet de cacher l'espace de jeu de chacun.

• Distribuer à chaque joueur le document avec les figures ou les volumes et cinq smileys.

• Chacun pose un smiley sur l'une des figures ou l'un des volumes sans que son adversaire ne puisse le voir.

Exemple : *Boualem et Sophie jouent ensemble. Boualem choisit la figure 5 et Sophie la figure 3.*

• Pour remporter le smiley de son adversaire, il faut trouver sur quelle figure ou quel volume il est posé. Chaque élève pose tour à tour une question qui permet d'obtenir un indice. Si la réponse à cette question est positive, le joueur peut faire une proposition.

Exemple : *Boualem demande à Sophie : « Est-ce que ta figure a trois côtés ? »*

– Si Sophie répond « oui », Boualem peut faire une proposition : « un triangle ».
– Si, en revanche, la réponse est négative, c'est au tour de Sophie de poser une question.
• Le premier qui devine la figure ou le volume de son adversaire remporte son smiley et gagne la partie.
• Jouer cinq parties. Le joueur qui a remporté le plus de smileys a gagné.

Prolongement écrit

Les élèves tracent de nouvelles figures ou de nouveaux volumes sur une feuille ; ce document sera utilisé pour une autre partie du jeu.

Conseils

• Pour trouver plus facilement une figure ou un volume, un joueur peut utiliser ses instruments de géométrie et demander à son adversaire si le côté de la figure mesure 5 cm ou s'il y a 4 angles droits, par exemple.
• Un joueur ne peut pas nommer directement la figure ou le volume dans sa question ; par exemple : « Est-ce un carré ? » Une liste de mots interdits est écrite au tableau : carré, cercle, triangle, losange, rectangle.
• De même, une liste de mots outils pour le jeu peut être établie avec les enfants et affichée au tableau : *sommet, côté, centre, rayon, diamètre*.
• Un troisième enfant peut jouer le rôle d'arbitre dans chaque binôme : il vérifie que les questions posées soient conformes à la règle et veille au bon déroulement du jeu.

Variante

Pour augmenter la difficulté du jeu, permettre une seule proposition sous peine de perdre son smiley.

Exemple :
Boualem demande à Sophie : « Ta figure a-t-elle quatre côtés ? »
Comme la réponse de Sophie est positive, Boualem dit : « Je pense que c'est la figure 5. »
S'il se trompe, il perd son smiley et le donne à Sophie.

Le train de 9 h

CP / CE1

Compétences : Lire les heures et les demi-heures.
Lire les heures du matin et du soir.
Connaître les relations entre heures et minutes.

Organisation : Les élèves sont répartis en quatre équipes.

A.P.C. / soutien : Une équipe peut être remplacée par un joueur seul.

Matériel individuel : L'horloge individuelle.
➤ Matériel spécifique aux jeux - jeu 33
Une attache-parisienne.
Un guide horaire de la SNCF.
Une ardoise.

Matériel collectif : Les affiches avec le nom des quatre équipes.
➤ Affichage pour les équipes
Les cartes temps 1.
➤ Matériel spécifique aux jeux - jeu 33
La grande horloge.
➤ Matériel spécifique aux jeux - jeu 33
Un panier.

Durée : 30 minutes.

Être la première équipe à placer les aiguilles de son horloge sur 12 h.

Pour qu'un train arrive à l'heure, il faut garder un œil sur les aiguilles de l'horloge.

Préparation

• Chaque élève se fabrique une horloge grâce aux éléments fournis dans le CD-Rom (découper les aiguilles et les fixer au cadran grâce à l'attache parisienne ; les élèves pourront ainsi les bouger à leur guise).

• Préparer quatre exemplaires de cette horloge au format A3. Les mettre au tableau en associant à chacune l'affiche d'une équipe.

• Imprimer et découper les cartes temps 1. Les placer dans un panier.

Déroulement

• Répartir les élèves en quatre équipes : Citrons, Fraises, Kiwis et Oranges.

• Expliquer le principe du jeu : « Chaque équipe représente un train qui part à 9 h et qui doit arriver en gare à 12 h, mais il ne peut avancer qu'avec des cartes temps. Les joueurs de chaque équipe piochent une carte dans le panier du temps et marquent l'avancée du train en tournant les aiguilles de leur horloge. Quand l'horloge indique 12 h, le train est arrivé et l'équipe a gagné. »

• Présenter le *panier du temps*, dans lequel figurent les cartes temps. Donner la signification de chaque carte :

– Les cartes « + » permettent d'avancer les horloges du temps indiqué.

– Les cartes « - » obligent à reculer les aiguilles de l'horloge du temps indiqué.

– La carte « arrêt en gare » marque une pause et les aiguilles ne bougent pas.

> **Exemple :** *Si une équipe pioche une carte « + 60 minutes », elle peut avancer son horloge d'une heure.*

• Demander à chaque joueur de placer les aiguilles de son horloge à 9 heures. Faire de même pour les quatre cadrans au tableau. Vérifier et rappeler au besoin la règle concernant la grande et la petite aiguille.

• Inviter une première équipe à prendre une carte temps dans le panier et à la présenter à la classe.

• Tous les joueurs de l'équipe bougent les aiguilles de leur horloge en fonction de la carte piochée. Après un temps de réflexion, demander à tous les membres de l'équipe de présenter leur horloge.

• Procéder à une validation collective et apporter, au besoin, les explications nécessaires.

• Demander à l'enfant qui a pioché dans le panier de lire la nouvelle heure à voix haute.

• L'inviter à avancer ou à reculer les aiguilles de l'horloge de son équipe affichée au tableau et à écrire en-dessous l'heure digitale (tel un cadran de radio-réveil).

> **Exemple :** *L'horloge de l'équipe Fraises indique 9 h 00. Un joueur tire la carte « + 30 minutes ». Tous les enfants de l'équipe doivent marquer 9 h 30 sur leur horloge. Après validation collective, un joueur lit l'heure, puis indique 9 h 30 sur l'horloge de son équipe affichée au tableau ; dessous il écrit l'heure digitale.*

• Convier un joueur d'une autre équipe à piocher une carte dans le panier.

• Les équipes jouent ainsi les unes après les autres. La première qui parvient à atteindre ou dépasser 12 h est gagnante.

Prolongement écrit

• Annoncer une heure précise oralement. Les enfants doivent l'écrire en chiffres sur leur ardoise puis ajuster les aiguilles de leur horloge.

• Demander aux élèves de travailler par deux. Remettre à chaque binôme un guide de la SNCF. Un enfant doit repérer un horaire à l'heure ou à la demi-heure, le recopier sur son ardoise et le présenter à son partenaire. Celui-ci doit placer les aiguilles de son horloge en conséquence. Faire inverser les rôles après trois propositions.

Conseils

• Jouer les parties suivantes en faisant partir le train à des heures de l'après-midi ou du soir.

• Faire varier le contenu du panier : privilégier les cartes bonus au début et ajouter des malus au fur et à mesure des parties.

Le train de 14 h 12

CE2 / CM1

Compétences : Lire l'heure sur une horloge à aiguilles.
Connaître les unités de mesure des durées et leurs relations.

Organisation : Les élèves sont répartis en quatre équipes.

A.P.C. / soutien : Une équipe peut être remplacée par un joueur seul.

Matériel individuel : L'horloge individuelle.
➤ Matériel spécifique aux jeux - jeu 33

Matériel collectif : Les affiches avec le nom des quatre équipes.
➤ Affichage pour les équipes
Les cartes temps 2.
➤ Matériel spécifique aux jeux - jeu 33bis
La grande horloge.
➤ Matériel spécifique aux jeux - jeu 33
Une attache-parisienne.
Un panier.

Durée : 30 minutes.

Être la première équipe à placer les aiguilles de son horloge sur 22 h 22.

Quatre trains font la course… Pour arriver en premier, il faut savoir lire l'heure.

Préparation et déroulement

Ce jeu reprend le même principe que le jeu précédent (voir pp. 128-130), en affinant la difficulté : pour gagner, les enfants doivent étudier des horaires donnés à la minute près, calculer des durées, additionner et soustraire des minutes, convertir en minutes une durée donnée en heure.

• Les équipes représentent un train qui part à 14 h 12 et doit arriver en gare à 22 h 22.

• Les cartes temps proposent un découpage temporel plus fin en incluant les minutes :

• Dans le panier figurent également les cartes suivantes :

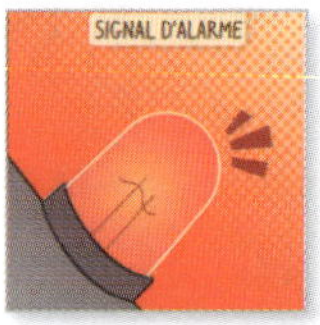

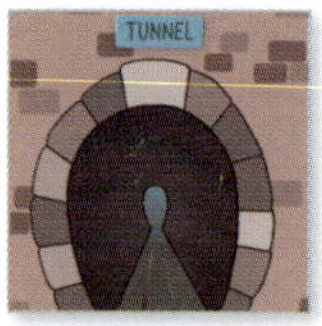

En donner la signification lors de la présentation du panier et des cartes :

– Arrêt en gare : Les aiguilles ne bougent pas.

– Signal d'alarme : L'équipe passe son tour la prochaine fois.

– Panne : Toutes les équipes reculent de 60 minutes.

– Tunnel : L'équipe doit répondre une question : elle avancera de trois heures si la réponse est correcte, mais reculera de trois heures dans le cas inverse.

Proposition de « questions tunnel »

• Max va au cinéma. Le film commence à 13 h 40 et dure 90 minutes. À quelle heure sera-t-il terminé ? **15 h 10.**

• Max va à la piscine. Il rentre dans l'eau à 15 h 20 et en sort à 16 h 10. Combien de temps est-il resté dans l'eau ? **50 minutes.**

• Max va au cinéma. Il sort à 16h30 après avoir vu un film qui a duré 110 minutes. À quelle heure le film a-t-il commencé ? **14 h 40.**

• Max se promène dans la forêt. Il commence un sentier balisé à 14 h 00. La durée prévue est de deux heures, mais il l'effectue en 180 minutes. À quelle heure Max aura-t-il terminé sa marche ? **17 h 00.**

• Max regarde un match de football. La rencontre commence à 20 h. Il y a deux mi-temps de 45 minutes, deux pauses de 15 minutes et des prolongations qui durent 5 minutes. À quelle heure se termine le match ? **22 h 05.**

• Max part en voyage. Son train part à 10 h 15 et arrive à 12 h 35. Combien de temps a duré le trajet ? **2 h 20.**

Combien ça mesure ?

CE1 / CE2

Compétences : Choisir l'unité appropriée pour exprimer le résultat d'une mesure. Connaître les unités usuelles : cm et m.

Organisation : Les élèves jouent en équipe.

Matériel individuel : La trousse et la règle.

Matériel collectif : Les affiches des équipes.
➤ Affichage pour les équipes
Les étiquettes des équipes.
➤ Affichage pour les équipes
Des aimants de quatre couleurs différentes (rouge, bleu, jaune et vert).
Quatre ardoises et quatre feutres.
Des instruments de mesure (équerre, règle, mètre ruban, mètre de couturière).

Durée : 30 minutes par manche.

Remporter le plus d'aimants.

Pour gagner, il faut savoir mesurer.

Préparation

• Coller les affiches des quatre équipes au tableau.

• Tracer au tableau la grille ci-dessous : sur la première ligne les symboles des équipes ; sur la ligne suivante, des cases vierges suffisamment grandes pour pouvoir y écrire une mesure complète (exemple : 3 cm).

• Pour la manche 3, vérifier que plusieurs enfants ont apporté des instruments de mesure. Compléter au besoin.

Déroulement

• Répartir les élèves en quatre équipes : Fraises, Citrons, Oranges et Kiwis. Chaque équipe dispose d'une ardoise et d'un feutre ; chaque joueur a en sa possession sa trousse fermée.

• Expliquer que ce jeu se déroule en trois parties. Les deux premières sont consécutives et la troisième se jouera lors d'une prochaine séance.

• Préciser que tout point gagné sera représenté par un aimant fixé sur les affiches des équipes au tableau. L'équipe qui aura le plus d'aimants au terme des trois parties sera gagnante.

Manche 1

• Écrire au tableau : *une gomme* ; dessous écrire : *4 cm – 40 cm – 4 m*.

• Chaque équipe doit noter sur son ardoise la mesure de la gomme en choisissant une des trois propositions. Préciser qu'il n'est pas possible, pour le moment, d'ouvrir sa trousse.

• Quand les quatre groupes ont écrit leur réponse sur leur ardoise, inviter un joueur de chaque équipe à l'inscrire dans la grille au tableau, sous son fruit. Chacun justifie sa réponse.

• Demander quel outil pourrait être utilisé pour trouver la réponse exacte. Puis inviter chacun à prendre sa règle et à mesurer sa gomme. Passer auprès des élèves pour vérifier que le zéro de la règle graduée est placé correctement.

• Noter au tableau quelques réponses données par les enfants et demander quelle unité de mesure on doit écrire à côté du nombre : mètre (m) ou centimètre (cm) ?

• Écrire « cm » à côté de chacune des mesures. Préciser que « cm » signifie centimètre.

• Attribuer un point aux équipes ayant trouvé la bonne réponse. Un joueur par équipe gagnante pose un aimant sur son affiche.

• Procéder de la même manière avec les éléments suivants :

La longueur d'une table d'écolier : 70 cm – 7 cm – 7 m

La longueur d'une trousse : 20 m – 20 cm – 2 cm

La longueur de la règle du tableau : 1 cm – 10 cm – 1 m

La largeur du tableau : 2 cm – 20 cm – 2 m

La hauteur d'un grand cahier : 3 cm – 30 cm – 3 m

Remarque : le moment venu, expliquer que « m » signifie mètre et préciser qu'un mètre est égal à 100 centimètres.

• Pour finir cette première manche, tracer deux colonnes au tableau ; en en-tête, noter « cm » à gauche et « m » à droite. Oralement, demander aux enfants de lister des éléments que l'on mesure en centimètre ; les écrire dans la colonne de gauche. Procéder de la même manière pour les éléments mesurés en mètre ; les écrire dans la colonne de droite.

• Faire un bilan sur les scores en comptant le nombre d'aimants sur chaque affiche puis passer à la deuxième manche.

Manche 2

• Écrire au tableau : *un cartable* et demander à chaque équipe de noter sur son ardoise si la hauteur de cet objet doit s'exprimer en mètre ou en centimètre.

• Quand les quatre groupes ont écrit leur réponse sur leur ardoise, inviter un joueur de chaque équipe à l'inscrire dans la grille au tableau, sous son fruit. Chacun justifie sa réponse.

• Procéder à une vérification collective en invitant chaque élève à mesurer la hauteur de son cartable. Faire remarquer que la règle graduée n'est pas l'outil adéquat pour mesurer précisément la hauteur du cartable. Faire trouver quel outil serait plus approprié (un mètre).

• Attribuer un point aux équipes qui ont trouvé la bonne réponse. Un joueur de chaque équipe gagnante colle un aimant sur son affiche.

• Procéder de la même manière avec les éléments suivants : la hauteur d'un paquet de riz / de la tour Eiffel / d'une girafe / d'une porte.

• Pour chacun des éléments étudiés, écrire au tableau, à partir des hypothèses formulées par les élèves, les outils qui peuvent être utilisés pour mesurer précisément. Inviter plusieurs élèves à apporter pour la prochaine séance un mètre ruban, un mètre de couturière, etc.

• Comptabiliser le score de chaque équipe et annoncer une troisième et dernière manche pour une prochaine séance.

Manche 3

• Répartir à nouveau les élèves en quatre équipes : Fraises, Citrons, Oranges Kiwis. La composition des équipes est identique à celle de la séquence précédente.

• Présenter les différents instruments de mesure apportés par les enfants. Les nommer et expliquer à quoi ils sont destinés.

• Rappeler le principe du jeu et les scores de chaque équipe. Préciser que, contrairement aux deux manches précédentes, une seule équipe peut gagner celle-ci.

• Écrire au tableau : *la longueur de la classe*.

• Demander à chaque équipe d'évaluer la longueur de la classe sans utiliser d'instrument de mesure et d'écrire sa réponse sur l'ardoise. Ajouter que cette mesure doit s'exprimer en mètre.

• Quand les quatre groupes ont écrit leur réponse sur leur ardoise, inviter un joueur de chaque équipe à l'inscrire dans la grille au tableau, sous son fruit.

• Tracer deux colonnes au tableau. Écrire en en-tête « instrument de mesure » dans la colonne de gauche et « mesure » dans la colonne de droite.

• Procéder à une vérification collective en demandant à plusieurs élèves de choisir un outil et de mesurer la longueur de la salle.

• Compléter le tableau avec les réponses apportées.

• Organiser un échange collectif pour déterminer quel outil semble le plus pertinent pour mesurer la longueur de la salle de classe.

• Attribuer un point à l'équipe ayant trouvé la réponse la plus proche de la mesure exacte. Un joueur de cette équipe colle un aimant sur son affiche.

• L'équipe qui a le plus d'aimants a gagné.

Prolongement écrit

• Demander à chaque enfant de mesurer un objet à la maison et d'en noter le nom et la mesure. En classe, chaque élève annonce son objet ; les autres doivent en évaluer la mesure.

• Recopier dans le cahier de géométrie le tableau composé à la fin de la manche 1.

• Écrire dans le cahier de géométrie la liste des instruments de mesure.

Qui perd... gagne !

Du CE1 au CM2

Compétences : Résoudre des problèmes en utilisant ses connaissances sur les nombres entiers ou décimaux.
Utiliser la technique opératoire de l'addition, de la soustraction, de la multiplication et de la division.

Organisation : Les élèves sont répartis en quatre équipes.

A.P.C. / soutien : Une équipe peut être remplacée par un joueur seul.

Matériel individuel : Un cahier d'essai.

Matériel collectif : 16 aimants de quatre couleurs différentes (rouge, orange, jaune et vert).
Quatre cartes représentant chacune un signe opératoire : +, –, x, /.
➤ Matériel spécifique aux jeux - jeu 27
Des problèmes mathématiques recopiés sur une affiche A3.
Une ardoise, un feutre et un cahier d'essai par équipe.

Durée : 60 minutes.

Être la première équipe à ne plus avoir de jetons.

Quel signe opératoire pour résoudre l'énigme ? Si j'ai le bon... je perds un jeton.

Préparation

Produire au minimum cinq énigmes mathématiques. Écrire chacune sur une affiche de telle que sorte que l'ensemble de la classe puisse voir le texte.

Déroulement

- Répartir les élèves en quatre équipes : Fraises, Oranges, Citrons et Kiwis. Distribuer à chacune quatre aimants correspondant à leur couleur.
- Demander à chaque groupe de désigner un secrétaire qui recopiera la réponse collective sur son cahier d'essai.
- Coller au tableau les quatre affiches représentant chacune un signe opératoire.

Remarque : pour les CE1, afficher seulement l'addition, la soustraction et la multiplication, la division étant étudiée à partir du CE2.

Pour les CE2, ne retenir que la division avec un diviseur à un chiffre.

• Écrire au tableau ou présenter sur une affiche une énigme mathématique.

> **Exemple :** *Jeanne a* 18 billes. *Elle en* donne 6 *à Malek.*
> *Combien lui en reste-t-il ?*

• Demander à un élève de la lire à haute voix. Vérifier que l'ensemble de la classe en ait bien compris le sens. Faire entourer la question en jaune.

• Expliquer le principe du jeu : « Chaque équipe doit trouver quelle opération permet de résoudre l'énigme posée au tableau. Quand une équipe a trouvé la réponse, le secrétaire note l'opération, le résultat et la phrase réponse sur son cahier d'essai, puis un joueur pose un aimant sur l'affiche du signe opératoire choisi. Les équipes qui ont trouvé la bonne réponse perdent leur aimant ; la première équipe à se défausser de tous ses aimants a gagné. »

• Laisser le temps de réflexion nécessaire à chaque équipe. Quand toutes les équipes ont trouvé une réponse et que chaque secrétaire l'a notée dans son cahier d'essai, un joueur de chaque équipe pose un aimant sur l'affiche du signe opératoire choisi.

• Procéder à une mise en commun : chaque groupe note sa réponse au tableau et justifie son choix. Les élèves échangent et confrontent leur avis.

• Entourer dans le texte de l'énigme les mots et les nombres qui permettent de trouver la solution.

> **Exemple :** *Jeanne a 18 billes et en donne 6 à Malek.*
> *Combien lui en reste-t-il ?*

• Donner la bonne réponse et traiter les erreurs en apportant une remédiation.

• Les équipes qui ont posé leur aimant sur le bon signe opératoire perdent leur aimant.

• Pour le tour suivant, demander à chaque groupe de désigner un autre secrétaire, puis présenter une nouvelle énigme avec la même démarche.

• La partie est terminée quand une équipe n'a plus de jetons.

Prolongement écrit

En petits groupes, faire rédiger à chaque élève un problème mathématique qui sera utilisé dans une prochaine partie du jeu.

Remarque : L'enfant qui en est le rédacteur ne pourra pas jouer. Il quittera momentanément son équipe et, lors de l'annonce de la solution, il expliquera la démarche et entourera les indices.

Conseil

Pendant la phase de réflexion, circuler dans les équipes et remédier aux difficultés, si nécessaire. Conseiller aux élèves d'utiliser le dessin pour représenter les situations-problèmes et trouver la solution.

Le bluffeur

Du CE2 au CM2

Compétences :	Résoudre des problèmes en utilisant les quatre opérations. Utiliser la technique opératoire des quatre opérations.
Organisation :	Les élèves sont à leur place.
Matériel individuel :	Un cahier d'essai. Une ardoise et un feutre.
Matériel collectif :	Des énigmes mathématiques recopiées sur une affiche A3. Des étiquettes-prénoms. Un panier. Une boîte de haricots secs. De la pâte adhésive.
Durée :	45 minutes.

Gagner un maximum de haricots en identifiant le bluffeur.

Deux enfants sont devant moi… et l'un d'eux me raconte n'importe quoi.

Préparation

• Préparer des étiquettes avec le prénom de chaque élève. Les placer dans un panier.
• Produire deux énigmes mathématiques ; écrire chacune sur une affiche.

Déroulement

• Dans le panier, tirer au sort le prénom de deux enfants. Leur donner une affiche sur laquelle figure une énigme mathématique, puis leur demander de se rendre au fond de la classe, avec leur cahier d'essai, pour trouver, chacun de leur côté, le résultat. Ils collent l'affiche devant eux pour pouvoir relire le texte.

Exemple : *Boualem et Sophie doivent trouver la réponse à l'énigme suivante : Gabin, qui a 8 ans, a acheté 25 viennoiseries pour ses camarades : 6 croissants, des pains au chocolat et 5 pains aux raisins. Combien a-t-il acheté de pains au chocolat ?*

• Pendant ce temps, les autres élèves prennent connaissance de l'énigme écrite au tableau et tentent également de trouver le résultat sur leur cahier d'essai.

• Les deux joueurs en fond de classe présentent leur résultat à l'enseignant sans que les autres élèves entendent. Vérifier leur réponse, corriger et expliquer au besoin.

• Attribuer à l'un des deux élèves le rôle du « bluffeur » : il va devoir expliquer un raisonnement et un résultat erronés à l'ensemble de la classe.

• Laisser cinq minutes de réflexion aux deux élèves pour trouver une démarche de résolution d'énigme faussée.

> **Exemple :** *Boualem joue le rôle du bluffeur. Il décide de prendre en compte le nombre 8 dans son raisonnement, alors qu'il s'agit d'une donnée inutile. Il présentera comme opération :*
> *25 – (8 + 6 + 5) = 6.*
> *Sophie, elle, donnera la solution exacte : 25 – (6 + 5) = 14.*

• Tracer deux colonnes au tableau avec en en-tête le prénom des deux enfants.

• Les deux élèves viennent au tableau et présentent, chacun leur tour, leur solution. Ils écrivent leur opération et leur résultat dans leur colonne.

• Préciser alors au reste de la classe qu'un des deux joueurs ne présente pas le bon résultat, c'est le bluffeur et il faut l'identifier.

• Pour cela, procéder avec le reste de la classe à une analyse plus fine de l'énigme : un élève entoure les mots importants et souligne la question. Demander quelles difficultés se trouvent dans ce problème.

• Il est important qu'aucun élève ne donne son résultat, afin de ne pas influencer l'identification du bluffeur.

• Procéder ensuite au vote : demander aux élèves de désigner qui est le bluffeur en écrivant son prénom sur leur ardoise.

• Les enfants qui ont réussi à démasquer le bluffeur gagnent un haricot.

• Mettre en commun les résultats trouvés par le reste de la classe et les comparer avec la solution correcte écrite au tableau. Répondre aux questions éventuelles.

• Renouveler le jeu en tirant au sort le nom de deux autres joueurs.

Prolongement écrit

Écrire une énigme mathématique au tableau avec deux résultats possibles. Chaque élève doit recopier l'énigme sur son cahier d'essai ainsi que la bonne proposition.

Variante

Pour augmenter la difficulté, deux bluffeurs peuvent se cacher parmi trois joueurs.

Présentation du CD-Rom

Le CD-Rom contient le matériel nécessaire à la mise en place des jeux : les affichages pour les équipes et le matériel spécifique aux jeux.

Affichage pour les équipes

– Affiche des quatre équipes

– Les cartes des quatre équipes
– Deux cartes étoile

– La grille de scores pour ces quatre équipes

Le matériel spécifique aux jeux

Jeu 8 – Bingo !
Les planches et cartes du Bingo (présent des verbes des 1er, 2e et 3e groupes).

Jeu 10 – Le mur
Les cartes du jeu (phrase simple ou verbe infinitif) et la carte joker.

Jeu 12 – Les deux font la paire
Les étiquettes synonymes et antonymes.

Jeu 13 – Tout et son contraire
Le dessin du panier.

Jeu 16 – Agathe, Gabin et le sac magique
Les dessins à colorier de Agathe et Gabin.

Jeu 18 – Quand l'ours dort
Les ronflements de l'ours (pistes audio de 30, 60 ou 90 secondes).

Jeu 19 – La tour du monde
Le dessin de la tour du monde.

Jeu 21 – De la terre jusqu'au ciel
Deux marelles.

Jeu 22 – Le trésor est dans la trousse
Le compteur numérique.
Les étiquettes unité, dizaine, centaine.
Les étiquettes marteau.

Jeu 23 – Les trios
Les cartes trios et cartes intrus.

Jeu 24 – Le cadeau surprise
Chronomètre du cadeau (pistes audio de 30, 60 ou 90 secondes).

Jeu 26 – La pièce secrète
Les plans d'une maison (rez-de-chaussée et étage).

Jeu 27 – La boîte infernale
Les cartes signes et cartes nombres.

Jeu 29 – La bataille des nombres
Les cartes « Bataille des nombres ».

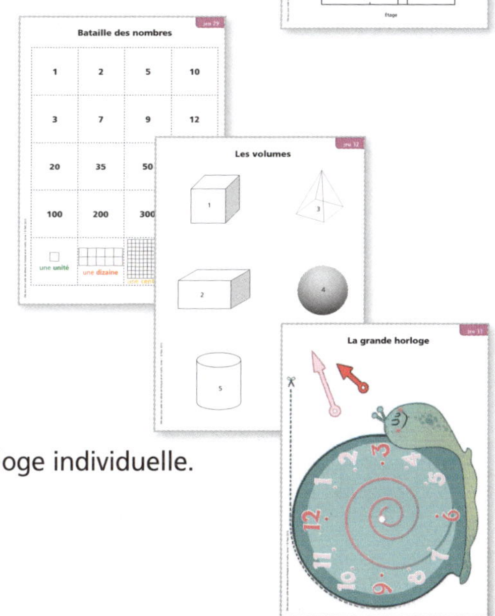

Jeu 32 – La devinette géométrique
Les figures géométriques planes et en volume.
Les smileys.

Jeu 33 – Le train de 9h
Les cartes temps 1.
La grande horloge et l'horloge individuelle.

Jeu 33bis – Le train de 14h12
Les cartes temps 2.

• Installer le CD-Rom

Sur PC : Insérer le disque dans votre lecteur : l'installation se lance automatiquement. Si ce n'est pas le cas, aller dans le « Poste de travail » (menu « Démarrer »), cliquer sur le fichier « Jeux_Francais_Maths_T1_PC.exe » et suivre les étapes d'installation jusqu'à la fin. Une icone s'affiche alors sur le « Bureau » : double cliquer dessus pour lancer le CD.
Sur Mac : Insérer le disque dans votre lecteur et double cliquer sur l'icone pour l'ouvrir. Double cliquer sur « Jeux_Francais_Maths_T1_MAC.dmg » puis glisser l'application dans le dossier « Applications ». Aller dans le dossier « Applications » et double cliquer sur « Jeux_Francais_Maths_T1_Retz ».
L'utilisation du CD n'est plus nécessaire une fois l'application installée sur l'odinateur (PC et Mac).

• Naviguer dans l'application

Cliquer sur le logo Retz pour accéder au site Retz

Cliquer sur la rubrique souhaitée : en orange, les affichages pour les équipes ; en rose, le matériel spécifique aux jeux.

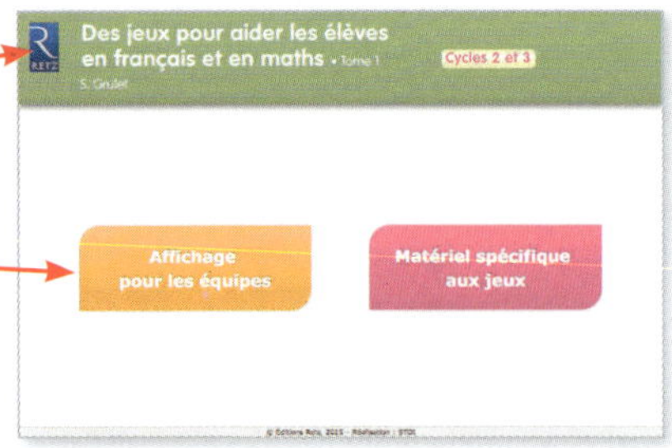

Cliquer sur le bandeau supérieur pour retourner à l'écran d'accueil.

Le nom de la rubrique sélectionnée s'affiche en bleu.

Cliquer sur ce bouton pour accéder directement à l'autre rubrique, sans repasser par l'écran d'accueil.

L'ensemble du matériel organisé par jeu s'affiche dans la partie droite de l'écran.

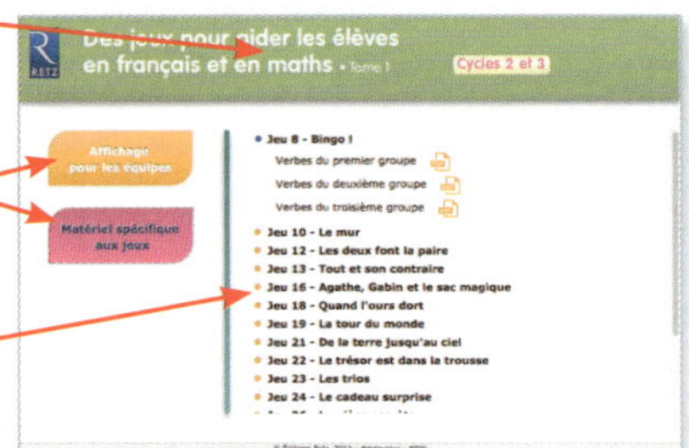

• Afficher les fichiers PDF

Cliquer sur le nom du document à imprimer. Le document s'affiche dans une nouvelle fenêtre :

Le logiciel automatiquement utilisé par cet affichage (Adobe Reader, Aperçu…) permet d'agir sur le document : zoom, rotation, impression…

• Lire les fichiers audio

Cliquer sur le nom du document à écouter. Les pistes audio s'affichent dans une nouvelle fenêtre. Lancer la piste audio souhaitée grâce au player.

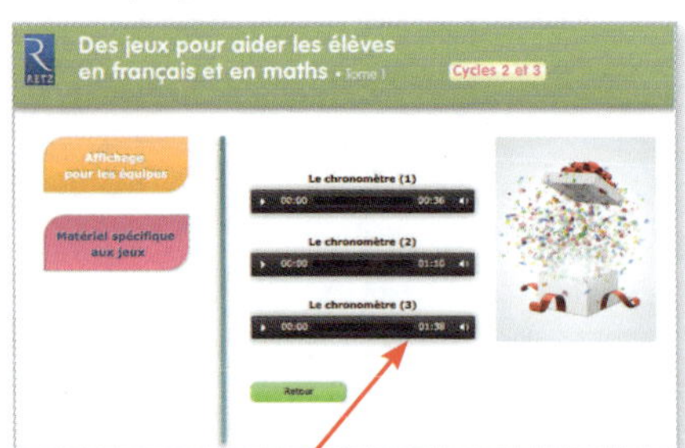

Un player s'affiche avec des boutons « Lecture », « Pause » et « Volume ».